DELICIOSOS
Smoothie Bowls

Si este libro le ha interesado y desea que lo mantengamos
informado de nuestras publicaciones, puede escribirnos a
comunicacion@editorialsirio.com,
o bien suscribirse a nuestro boletín de novedades en:
www.editorialsirio.com

Título original: Beautiful Smoothie Bowls
Traducido del inglés por Begoña Merino
Diseño de portada: Editorial Sirio, S.A.
Maquetación y diseño de interior: Toñi F. Castellón

EDITORIAL SIRIO, S.A.	NIRVANA LIBROS S.A. DE C.V.	DISTRIBUCIONES DEL FUTURO
C/ Rosa de los Vientos, 64	Camino a Minas, 501	Paseo Colón 221, piso 6
Pol. Ind. El Viso	Bodega nº 8,	C1063ACC
29006-Málaga	Col. Lomas de Becerra	Buenos Aires
España	Del.: Alvaro Obregón	(Argentina)
	México D.F., 01280	

www.editorialsirio.com
sirio@editorialsirio.com

I.S.B.N.: 978-84-17030-25-4
Depósito Legal: MA-779-2017

Impreso en Imagraf Impresores, S. A.
c/ Nabucco, 14 D - Pol. Alameda
29006 - Málaga

Impreso en España

Puedes seguirnos en Facebook, Twitter, YouTube e Instagram.

Carissa Bonham

D E L I C I O S O S
Smoothie Bowls

80 recetas para preparar
espectaculares y nutritivos batidos en bol

Editorial
SIRIO

Para Asher y Kaypha:

Que siempre sepáis cómo sabe la comida de verdad y la améis

Introducción

Este libro es resultado de una dedicación apasionada y altruista. Durante más de cuatro años he dedicado mi página web, *Creative Green Living*, a enseñar a los padres y madres opciones de alimentación más saludables, que fueran también apetecibles y sabrosas. El famoso cocinero inglés Jamie Oliver dijo una vez que asociar comida sana a comida aburrida o insípida es una tontería, y yo no podría estar más de acuerdo con él. Espero que después de ver este libro y de probar algunas de sus recetas, también tú estés de acuerdo con nosotros. Cada receta está pensada para ser nutritiva, sabrosa y, además, agradable a la vista.

Aunque la comida saludable y sabrosa ha sido mi pasión durante años, en este libro no he querido limitarme a las opciones y sabores que yo propongo. Por eso he contado con algunas de las mejores usuarias de Instagram y blogueras especialistas en comida sana del mundo. En estas páginas encontrarás las fotografías y recetas de sus apetecibles batidos en bol (*smoothie bowls*). En todas las recetas que no son creación mía lo he indicado haciendo constar el nombre de su creadora bajo el título de la receta, y he añadido información adicional al final de la misma. No creo tener el monopolio de las recetas saludables y apetitosas, así que te animo a seguir a estas mujeres en sus webs y cuentas de Instagram, donde encontrarás inspiración para crear tus propias recetas saludables. Y no dejes de seguirme en mis cuentas de Instagram, @CreativeGreenLiving y @Creative-GreenKitchen.

Me gustaría dar las gracias a cada una de esas estupendas mujeres por colaborar en este proyecto. En lugar de nombrarlas aquí a todas, te invito a que veas los créditos y la lista completa de las creadoras que han aportado sus recetas a este libro, donde además podrás descubrir más cosas sobre ellas (página 225).

Te deseo que tu estómago quede satisfecho y que tu organismo se nutra con estas recetas. Si alguna de ellas es tu favorita, cuéntamelo en las redes sociales (@CreativeCarissa en Twitter y @CreativeGreenLiving o @Creative-GreenKitchen en Instagram). Todavía mejor, hazle una foto y publícala en Instagram con la etiqueta #BeautifulSmoothieBowls, y no olvides etiquetarla con @CreativeGreenKitchen.

Cómo usar este libro

Creo, sin ningún género de dudas, que cualquiera capaz de usar un cuchillo o una batidora sin hacerse daño puede preparar un espectacular batido en bol. Si eres principiante, no dejes de leer los capítulos anteriores a las recetas. Contienen un curso introductorio intensivo de batidos en bol; te convertirás en profesional antes de darte cuenta.

Al seleccionar las recetas de este libro he tenido muy presente la cuestión del gluten, así que si sufres la enfermedad celíaca o eres sensible a esta sustancia, estás de suerte. Los ingredientes que he escogido son aptos para quienes padecen estos trastornos. Aun así, en el caso de las recetas que llevan avena, granola, cereales o cualquier alimento preenvasado, es mejor que leas antes las etiquetas de los ingredientes que usarás para cerciorarte de escoger las versiones sin gluten. Asegúrate además de que estos alimentos se hayan envasado en establecimientos donde no se procese trigo. Si no tienes problemas con el gluten, puedes escoger la variedad de alimento que prefieras, aunque te recomiendo utilizar la versión orgánica siempre que puedas. La principal razón es que en algunos cultivos de avena y de otros cereales se emplea el herbicida llamado glifosato* (Round

---

* El glifosato, el herbicida más vendido del mundo, ha sido clasificado recientemente por la Organización Mundial de la Salud como «probablemente cancerígeno para los seres humanos». Hoy hay numerosas campañas en marcha para conseguir su prohibición.

Up, en su versión comercial). ¿Te apetece una guarnición de glifosato con tu batido? Seguro que no. El glifosato no se emplea en la agricultura orgánica, y eso es motivo suficiente para escoger alimentos orgánicos siempre que puedas.

Para ayudarte a encontrar con facilidad las recetas que mejor encajen con tus preferencias alimentarias, he marcado cada una de ellas con las siguientes etiquetas:

V Vegana: no incluyen ingredientes de origen animal. Encontrarás cincuenta recetas veganas, aunque las treinta restantes pueden adaptarse con facilidad sustituyendo el yogur estándar por yogur de coco, la leche por alguna opción vegetal, y la miel por sirope de agave. Una de las recetas contiene gelatina, pero también está riquísima sin este ingrediente (o pruébala con semillas de chía o de lino trituradas). Todas las recetas, excepto la que contiene gelatina, son vegetarianas.

P Paleo: cumplen los requerimientos de una dieta paleo, es decir, no contienen ningún cereal, lácteo o alimentos muy procesados, pero pueden incluir jarabe de arce o miel. Las recetas con agave no están etiquetadas como paleo, pero en muchos casos, la miel o el jarabe de arce son estupendos sustitutos paleo. De las cuarenta y una recetas paleo, treinta y siete también cumplen los requerimientos del programa Whole 30 (lo que muchos llamarían una versión paleo extrema). Si quieres saber más sobre este programa, visita la web www.whole30.com.

Sg Sin gluten: estas recetas utilizan ingredientes sin gluten. Si eres sensible al gluten, debes escoger las versiones sin gluten de los ingredientes preenvasados, en casos como la granola, la avena y cereales que puedan contener gluten o hayan podido estar sometidos a contaminación cruzada durante el proceso de envasado.

Sℓ **Sin lácteos:** aunque las recetas veganas no incluyen lácteos, he querido distinguir las sesenta y dos recetas sin lácteos expresamente, porque no todos los que prescindimos de los lácteos en nuestra dieta por culpa de una alergia a la leche o de la intolerancia a la lactosa somos veganos ni evitamos otros productos de origen animal, como la miel. Las recetas de batidos con lácteos suelen llevar yogur o leche de origen animal. En estos casos, quienes prefieran un batido sin lácteos pueden sustituir la leche animal por leche vegetal y el yogur por yogur de coco.

La magia de los batidos en bol

Seleccionar un montón de frutas y vegetales, y combinarlos con unos pocos ingredientes para convertirlos en un precioso y suculento batido en bol, me parece algo mágico. Aún más mágica es la transformación de plátanos helados, o de cualquier otra fruta helada, en los llamados «delihelados» (helados veganos), un milagro bajo en grasas, de gusto y textura parecidos al helado y sin ninguno de sus efectos secundarios.

Cualquiera es capaz de llenar un bol de batido. Los verdaderos polvos mágicos que elevan un batido normal a la categoría de batido en bol son la cobertura. Elaborada o simple, espolvoreada o colocada con mimo, la cobertura de un batido en bol es la clave del éxito. Verás que es relativamente fácil preparar un bol vistoso para impresionar a tus invitados a desayunar un domingo o para deslumbrar a tus seguidores en Instagram.

EL ORIGEN DE LOS BATIDOS EN BOL

La procedencia de los batidos en bol se remonta a los boles de acai brasileños. El bol de bayas de acai trituradas y otros ingredientes (incluso ingredientes salados, como las gambas y el pescado) era un plato tradicional del Amazonas que fue popularizándose hasta llegar a las grandes ciudades brasileñas en la década de los setenta del siglo pasado. Finalmente la pulpa de acai congelada llegó a Estados Unidos a principios de este siglo, y los boles de acai helado podían encontrarse tanto en California como en Hawái, donde los surfistas y otros adoradores del sol los tomaban como alimento sano o como tentempié. A diferencia de los boles salados del Amazonas, estos solían mezclarse con plátanos y algún edulcorante, y se les añadía además una cobertura de fruta y granola.

Últimamente la idea del bol de acai se ha ampliado e incluye batidos helados de todos los colores, con o sin el auténtico acai. El acai ha dejado de ser un ingrediente obligado, así que ahora el fenómeno de los batidos en bol con algún aderezo o cobertura se llama batidos en bol (*smoothie bowl*) o a veces, simplemente bol de (nombre del ingrediente), como bol de pitaya o bol de mango. A los batidos en bol muy espesos, con la consistencia de un helado cremoso, se les llama *delihelados* o helados veganos.

Batidos en vaso o batidos en bol

Pero, ¿por qué el bol? Estoy segura de que has tomado batidos líquidos con pajita más de una vez. ¿No es curioso que de repente ahora se sirvan en boles en lugar de en vasos? Déjame contarte las tres principales razones por las que creo que el fenómeno de los batidos en bol ha calado tan fuerte:

Son estéticos

Los batidos en bol son más agradables a la vista que un batido en un vaso, una forma de añadir placer y creatividad a las comidas. No hay nada más sencillo que cortar un plátano en rodajas y colocarlo en forma de media luna sobre un batido en bol. De repente, el desayuno básico se convierte en una experiencia *gourmet* (y muy fotogénica para Instagram). Incluso si mi batido en bol no acaba publicado en Instagram, tengo la impresión de que me estoy cuidando más cuando me tomo un desayuno bonito.

Te ayudan a saciarte antes

A menudo los consumidores de batidos sufren el *síndrome* de «todavía tengo hambre». Cuando las calorías se beben, al cerebro le cuesta más llegar a la conclusión de que te has saciado. El resultado suele ser que te puedes beber un batido de 400 calorías para comer, pero como todavía tienes hambre, bajas a la calle a comprarte un bocadillo. Acabas de doblar el número de calorías que has consumido durante la comida porque, según tu cerebro, no has «comido» nada hasta que no te comes el bocadillo. Cuando te tomas un batido con una cuchara, lo consumes más poco a poco, *te lo comes*, y tu cerebro tiene el tiempo suficiente y recibe las señales que necesita para registrar la sensación de saciedad, así que cuando acabas el bol te sientes con el estómago lleno en lugar de con hambre y ganas de comer algo más.

El placer de masticar

Esto también tiene que ver con ayudar al cerebro a sentirse saciado, pero merece un aparte y te diré por qué: hace años, en un intento de perder peso, me apunté a un programa en el que tenía que tomar un batido para desayunar, un tentempié, un batido para comer, otro tentempié, y una comida normal y sana. En el grupo de apoyo en línea en el que estuve durante ese tiempo, la mayoría de los participantes notaron que no tenían hambre durante esta dieta, pero echaban de menos comer cosas, es decir, añoraban la sensación de comer y masticar. Masticar te proporciona un placer muy determinado, y solo los batidos en bol te permiten combinar el poder nutricional de tu batido con la satisfacción de masticar, para crear un desayuno superior que es saciante, nutritivo y que contiene lo que tu cuerpo necesita ingerir durante el día para mantenerse sano.

Las ventajas de batir

Hay muchas razones por las cuales los batidos son una opción saludable genial, tanto si se sirven en vaso como en bol. Mi razón favorita es que puedes combinar fácilmente un montón de cualidades nutritivas en un bol, solo con un poco de ayuda de la batidora. Si me siento a comerme una ensalada de espinacas y kale, dos kiwis, dos tazas de ensalada de fruta con un puñado de semillas de chía y de lino, algunos frutos secos y un vaso de agua de coco para desayunar, voy a pasarme un buen rato masticando ese montón de comida. En cambio, puedo convertir todos esos ingredientes en un batido *kale pentatónico* (en la página 175) y arrancar mi día con un gran aporte nutricional, sin tener que masticar toda esa comida.

Los batidos en bol no solo son una opción estupenda para el desayuno. Doce de los boles de este libro son *delihelados* espesos (*nicecreams*), ideales para tomar con cuchara, perfectos sustitutos de los postres. En lugar de arrellanarnos en el sofá con una tarrina grande de Ben & Jerry's* después del trabajo, podemos hundirnos en nuestro asiento favorito con un *delihelado dragón púrpura* (página 219). Mientras que las 1400 calorías y los 60 gramos de grasa de la tarrina grande pueden dejarnos un regusto de culpa, un bol grande de dragón púrpura tiene solo 413 calorías y 4 gramos de grasa, y ni rastro de culpa. Por no mencionar que contiene un 226% de la ingesta diaria recomendada de vitamina C y un 66% de la fibra diaria recomendada.

PRINCIPIOS DE LOS BATIDOS EN BOL

Recordarás que dije que las únicas habilidades que se necesitan para preparar un batido en bol genial son las de usar un cuchillo y una batidora. Lo decía en serio. Si no tienes una batidora de alta potencia y quieres preparar *delihelado*, necesitarás aprender a usar un robot de cocina. Sinceramente, padres: bastará una pequeña charla sobre las precauciones que deben tomar, y estoy segura de que los niños de la casa podrán prepararse ellos mismos alguno de los batidos en bol de este libro. Si un niño de nueve o diez años puede hacerlo, tú también puedes.

Equipo necesario

Para preparar batidos en bol en tu cocina necesitarás algunos utensilios. Te gustará saber que posiblemente ya tienes la mayoría del equipo necesario. Si no, un viaje rápido a un centro comercial solucionará el problema.

Batidora

Lo primero que se necesita para hacer un batido espectacular es una batidora. Te recomiendo que escojas una con vaso de vidrio. Si bien es verdad que los vasos de plástico son más ligeros, me preocupan los compuestos químicos que se usan para fabricar el plástico. Incluso los vasos con la etiqueta *BPA-free* (sin bisfenol A) pueden contener BPS u otros disruptores endocrinos (esto no

---

* Marca de helados muy popular en Estados Unidos

es más que una forma sofisticada de decir que afectan a tus hormonas). Por esta razón los evito.

En casa tengo dos batidoras distintas con vasos de cristal. La primera es una batidora Black & Decker FusionBlade. Sus cuchillas son planas y sin filo (eso hace que la limpieza sea más sencilla) y tiene una jarra de vidrio. Como extras, lleva una jarrita individual de plástico y un mecanismo de cuchillas separado. Aunque no utilizo esta jarra, la cuchilla que encaja en la jarra individual es del tamaño perfecto para usarla con tarros de tamaño estándar o con tarros para conservas. Otra característica que me gusta de esta batidora es que tiene tres velocidades, botón de pulso, y un programa automático de batidos que funciona de maravilla. Si lo que buscas es una batidora de alta calidad con jarra de vidrio por debajo de 95 euros, esta es la que te recomiendo. Si no se vende donde vives, cualquier otra con estas características o similares también te servirá para hacer batidos en bol.

Si tienes algo más de presupuesto, tal vez quieras probar con mi segunda batidora, una Tribest Dynablend Clean Blender. En el momento de escribir este libro, esta es la batidora con vaso de vidrio más potente que puede conseguirse en Estados Unidos. A diferencia de la FusionBlade de la que hablaba antes, que lleva plástico en la carcasa de la cuchilla que entra en contacto con tu comida, la Dynablend Clean ninguna de las piezas que tocan la comida contiene plástico. Esto significa que, además de hacer batidos en bol, es una batidora genial para preparar comida caliente como sopas, purés o salsas. El inconveniente de la Dynablend es que no me sirve para hacer batidos y *delihelados* como las batidoras de plástico más caras. Es verdad que prepara batidos fantásticamente, pero no ha podido reemplazar a mi robot de cocina para preparar *delihelados*. Aunque voy a ser sincera, la mayoría de batidoras no pueden preparar *delihelados*, así que no la criticaré. Después de todo, es la mejor batidora de alta potencia con jarra de vidrio que puede conseguirse en esta gama de precios y eso la convierte en una buena inversión. La mía se ha ganado su sitio en la encimera.

Robot de cocina

Aunque normalmente lo que más utilizarás será la batidora, un robot de cocina es el aliado ideal. Sobre todo si vas a preparar *delihelado*. La mayoría de batidoras están diseñadas para batir líquidos o líquidos medio helados, y esto está muy bien para preparar batidos. Pero los *delihelados* se preparan con fruta completamente congelada y solo se les añaden unas cucharadas soperas de líquido. Por eso necesitas dos herramientas diferentes.

Comprar un segundo electrodoméstico si ni siquiera tienes uno puede parecer un inconveniente. Pero pueden encontrarse robots de cocina que preparan un buen *delihelado* por menos de treinta euros. ¿Quieres ahorrar aún más? A menudo veo robots de cocina a la venta en webs de segunda mano por menos aún, incluso algunos nuevos, con su caja. Si te has aficionado a los helados, un robot de cocina quedará amortizado en pocas semanas cuando dejes de comprar helado para pasarte al *delihelado*.

Espátula de silicona

Los batidos en bol suelen ser más espesos que los batidos en vaso. Así resisten bien el peso de la cobertura. También es más probable que el batido se pegue dentro de la batidora. Una espátula de silicona es el sistema más sencillo para rebañar hasta la última gota. Además es mejor usar silicona que plástico, por los motivos ya mencionados.

Cuchillos bien afilados

Un cuchillo bien afilado es una herramienta básica en cualquier cocina bien surtida. Si has ido tirando con cuchillos sin filo, ha llegado la hora de invertir en un cuchillo de buena calidad o, al menos, en un afilador. Un cuchillo mal afilado hará que tardes más en preparar los alimentos, pero además es peligroso. Al presionar el cuchillo para que corte, en lugar de deslizarlo, puedes hacerte daño y acabar cortando algo que no querías cortar, como tus dedos.

Bolsas para congelar de plástico o de silicona

La mayoría de batidos en bol llevan algún tipo de fruta helada. Es fácil encontrar frutas del bosque, melocotones o piña precongelados en algunas tiendas. Pero otras frutas no son fáciles de encontrar y hay que prepararlas en casa. Lo ideal es prepararnos para nuestro nuevo hábito de tomar batidos en bol, y precongelar en bolsas algunos plátanos, aguacates y sandía troceados. Los plátanos y los aguacates se pelan y se trocean. Se meten en bolsas y se guardan en el congelador. En el caso de la sandía, es mejor cortarla en dados, secarlos con papel de cocina y congelarlos sobre una lámina de papel para el horno antes de meter los dados en una bolsa para el congelador. Para esto puedes utilizar bolsas con cierre o bolsas reutilizables de silicona.

Artilugios diversos

Basta darse una vuelta por la sección de menaje de cualquier centro comercial para acabar pensando que nos hacen falta un montón de artilugios en la cocina. Deshuesadores de cerezas, descorazonadores de fresas, cortadores de aguacates… la lista es interminable. La verdad es que aunque algunos de esos aparatos pueden facilitar ciertas tareas repetitivas, la mayoría no son necesarios. A menudo uso un pelador dentado porque me ayuda a retirar más rápido la piel de las frutas blandas como el kiwi y los melocotones. Si no tienes en tu cocina ninguno de estos artilugios, primero prepara algunas recetas y luego verás qué te gusta más y qué tareas harás con más frecuencia, antes de gastar dinero en una herramienta que acabarás abandonando. ¿Te chiflan las tiendas? Entonces déjate guiar por tus preferencias en la comida. Si te encanta la piña, seguramente utilizarás el cortador de piña en espiral más que un deshuesador de cerezas.

Vasos y jarras medidoras (opcional)

Al empezar a preparar batidos en bol, es más tranquilizador medir los ingredientes para reproducir fielmente las indicaciones de las recetas. Una vez que te acostumbres y te conviertas en «profesional» de los batidos, lo más probable es que abandones tus aparatos de medir, y eso es perfecto. La verdad es que a menos que esté creando una receta para que otros la preparen, no suelo medir nada en mi cocina. Una vez que has medido una taza de frambuesas una docena de veces, empiezas a saber cuántas son y las viertes en la batidora con la seguridad de un experto.

Anatomía de un batido en bol

Si aún no has disfrutado del placer de tomarte un batido en bol, no te preocupes. Son más simples de lo que se puede pensar. De hecho, *anatómicamente*, cada batido en bol consta de dos partes:

Capa inferior: batido

La parte del batido de cada receta consiste en algo menos de medio litro de batido o de *delihelado*. Esta es la misma cantidad que puedes esperar que te sirvan cuando pides un batido pequeño en los locales de batidos más famosos. Como las recetas de este libro son para masticar, puede sorprenderte lo saciante que puede llegar a ser un batido pequeño enriquecido con aderezos.

Capa superior: aderezos

Los aderezos o *toppings* son distintos para cada bol. Algunas recetas llevan tantos que es difícil saber de qué color es el batido que va debajo. En otras recetas, el aderezo es comedido. Soy muy fan de la variedad y las recetas de este libro lo demuestran. Las flores son un aderezo muy popular tanto en los libros como en Instagram. Si nunca has cultivado flores, tal vez no seas consciente de la cantidad de flores hermosas que son comestibles. Si no sabes si las de tu jardín lo son, no las utilices. Por supuesto, los aderezos que sugiero son solo eso, sugerencias. En cada receta te indico cómo preparar el batido tal como aparece en la foto, pero deja volar tu imaginación. No reprimas tu creatividad.

Problemas de los batidos en bol y sus soluciones

Si aún no eres un gurú de la batidora, tal vez te encuentres con algunas pequeñas dificultades al iniciar el viaje. Si sigues las recetas de este libro al pie de la letra, te mostraré cómo solucionar esos problemas. Sin embargo, espero que a medida que ganes confianza en tus habilidades mágicas para preparar batidos en bol, empieces a experimentar creando tus propias recetas. Aquí tienes algunos de los problemas más habituales y mis sugerencias para resolverlos.

LA MAGIA DE LOS BATIDOS EN BOL

PROBLEMA	POSIBLE CAUSA	CÓMO SOLUCIONARLO
Batido demasiado líquido / Los aderezos se hunden hasta el fondo.	• No se ha usado suficiente ingrediente congelado.	• Mezclar el batido con más fruta helada o con cubitos de hielo.
Batido con demasiados grumos / La batidora no bate.	• No se añadió bastante líquido. • Se ha seleccionado poca potencia al batir.	• Añadir más líquido mientras la batidora está desconectada, remover con la espátula, (no olvides volver a poner la tapa antes de empezar a mezclar de nuevo). • Si añadir líquido al batido no ayuda o ves que tienes que añadir tanto que el batido queda aguado, tal vez debas comprar una nueva batidora.
El batido tiene un desagradable color marrón.	• Mezclar ingredientes rojos y verdes.	• Rebaja el marrón con frutas con mucho pigmento púrpura, un color que te darán los arándanos, las moras o las frambuesas negras. • Si el sabor es bueno y lo único que falla es el aspecto, sírvete el batido en un recipiente opaco con pajita (como las tazas de viaje).

Un arcoíris de superalimentos nutritivos

¿Qué es exactamente un superalimento? Aunque la palabra no tiene una definición oficial, se utiliza con frecuencia para referirse a los alimentos que tienen una cantidad elevada de nutrientes y que son beneficiosos para tu organismo. Como no hay una prueba específica que nos permita decir qué es un superalimento y qué no, los productos que merecen este nombre varían según las listas.

¿Y qué hay de los colores? ¿Has escuchado alguna vez la expresión «comerse el arcoíris», o «el arcoíris de los alimentos»? Es un consejo genial: te ayuda a identificar el valor nutricional de los alimentos relacionándolos con su color, y de este modo, a seguir una dieta equilibrada. No hace falta instalarse la última aplicación de móvil para seguir una dieta equilibrada. Seleccionar un arcoíris de alimentos es una forma bastante aproximada de saber que estamos aportando a nuestra dieta los ingredientes necesarios. Por supuesto que eso no vale si lo que comemos son alimentos con colorantes artificiales. Desde el punto de vista nutricional, los alimentos integrales muy poco procesados (mejor si no lo son), como los siguientes, son los mejores.

CONOCE LOS SUPERALIMENTOS

En este libro hablo de treinta superalimentos distintos. De vez en cuando también aparecen otros ingredientes, pero los primeros son el ingrediente principal de la mayoría de las recetas. Algunos te serán familiares, pero seguro que hay otros que no conoces. No he pretendido hacer una selección completa de superalimentos, simplemente he escogido cada uno de ellos por su perfil nutricional y porque van de maravilla para preparar un batido en bol sabroso y llamativo.

Acai

Las bayas de acai son de tamaño pequeño y de color púrpura oscuro. Crecen en un tipo de palmera, sobre todo en Indonesia y Brasil y tienen un elevado contenido en antioxidantes. Según los indígenas del Amazonas, potencian las defensas del organismo, son curativas y energéticas.

El acai no aguanta mucho después de ser recolectado. Eso explica por qué no verás racimos de acai en tu supermercado. Para poder distribuir las bayas sin que se estropeen durante el transporte, tienen que procesarse. A menudo se extrae su zumo y se embotella, o se convierten en pulpa y se congelan. También se venden las bayas desecadas mediante congelación o en polvo.

El acai tiene un sabor fuerte parecido al vino. Suele gustar más mezclado con frutas más dulces o con edulcorantes como el agave o la miel. Cuando lo mezclamos en un batido, lo tiñe de un precioso color púrpura oscuro.

Aguacate (o palta)

Puede que hayas comido aguacate como ingrediente de alguna receta salada, pero este fruto también es un añadido genial para los batidos. Tiene un contenido elevado en grasas monoinsaturadas en forma de ácido oleico. Se ha demostrado que las dietas que incorporan aguacate ayudan a reducir el colesterol total y el LDL (el llamado colesterol «malo»). También se ha visto que aumenta el HDL (el colesterol «bueno»). Además de su saludable grasa vegetal, la carne del aguacate tiene un valor elevado en vitamina E, folato y potasio, casi el doble que un plátano.

Este fruto es conocido por madurar y estropearse muy rápido. Por eso te recomiendo que no les quites ojo y que, en cuanto estén maduros, los cortes, los peles y los congeles para usarlos otro día en tus recetas de batidos.

El aguacate es parte de la lista de los «quince limpios» que publica cada año el Environmental Working Group,* que selecciona y clasifica las frutas y verduras menos contaminadas con pesticidas. Los aguacates se mantienen como uno de los productos con menos pesticidas (solo se detectaron pesticidas en un 1% de las muestras analizadas). Siempre animo a todo el mundo a comprar productos orgánicos, pero en el caso de los aguacates, vale la pena ahorrarte el dinero y comprar aguacates cultivados de manera convencional.

Arándanos

Aunque no crecen silvestres con tanta frecuencia como las moras, los arándanos son otra de las frutas que debes añadir a tu batido en bol. Como el acai y las moras, las antocianinas que dan su color a los arándanos también combaten los efectos destructivos de los radicales libres en nuestro organismo. Tienen un alto contenido en vitaminas C y K, así como en manganeso. La gran variedad de fitonutrientes de los arándanos combate los efectos del envejecimiento, potencia la concentración y la memoria, y contribuye a la salud del corazón reduciendo tanto el colesterol «malo» o LDL como la presión arterial.

Consigue arándanos frescos si puedes, pero congelados también son buenos para todos los usos, incluso como aderezo para un batido en bol. Su piel fina y comestible hace recomendable escoger la versión orgánica para evitar los pesticidas, sustancias que no es fácil eliminar simplemente lavando los arándanos en la cocina.

---

* N. del T.: El Environmental Working Group (EWG) es una organización estadounidense cuya misión es investigar y difundir al público general temas relacionados con los productos químicos tóxicos, entre otros.

Los arándanos tiñen los batidos de un precioso color púrpura y su sabor fresco a bayas combina bien con otros sabores, también con otras variedades de bayas.

Avena

La mayoría de nosotros, cuando pensamos en avena nos imaginamos un bol caliente de gachas o de harina de avena, o tal vez unas galletas. Aunque esto puede sonar raro, la avena es un ingrediente genial para los batidos en bol. Tanto si es con una cobertura de granola o mezclándola con la base del batido, la avena añade volumen (lo que te ayudará a saciarte) además de constituir un potente añadido de proteínas, hierro, manganeso, fósforo, tiamina, folato y magnesio. De hecho, una taza de copos de avena contiene 26 gramos de proteínas y el 40% de la ingesta diaria recomendada de hierro.

Aunque el puré de avena no contiene gluten, hay que tener en cuenta que a menudo se cultiva o se procesa en lugares donde también se cultivan o se procesan trigo, cebada y centeno, prácticas que comportan un riesgo elevado de contaminación cruzada. A algunas personas a quienes sus médicos les han recomendado dejar de comer productos con gluten también les han prohibido consumir avena. Si preparas un batido en bol para alguien que no puede tomar gluten, antes de preparar una receta con granola o copos de avena, asegúrate de preguntarle si puede tomarla.

Las personas con sensibilidad al gluten deberían asegurarse siempre de que utilizan avena y granola libres de gluten (productos certificados). Tanto la avena sin gluten como la convencional pueden estar contaminadas con glifosato (recuerda, el ingrediente activo de herbicidas comerciales), así que por favor intenta siempre comprar avena orgánica.

La avena no aporta un color o sabor característico, lo que la convierte en un ingrediente muy flexible que puede añadirse a la mayoría de batidos que también contienen yogur o alguna variedad de leche vegetal, aunque no la recomiendo como ingrediente para los *delihelados*. Si buscas una forma fácil de aumentar tu ingesta de hierro y de proteínas, añade la cuarta parte de una taza de copos de avena a tu batido en bol matinal, tus papilas gustativas ni lo notarán.

Bayas de Goji

Las bayas de Goji se han consumido en China durante siglos, pero son un fenómeno relativamente nuevo en el universo *foodie*.* Las bayas de color rojo anaranjado vivo pueden comerse frescas, en zumo o secas, aunque esta última versión, con una textura similar a las pasas, son las más fáciles de encontrar en las tiendas.

Contienen una buena cantidad de antioxidantes, vitaminas A, B2 y C, así como selenio, potasio, hierro y calcio. A menudo se toman para fortalecer el sistema inmunitario, y para ayudar a la salud ocular y a la buena digestión. La medicina china las utiliza para tratar la presión alta, la diabetes y los trastornos del estado de ánimo como la depresión y la ansiedad. Ten precaución, sin embargo, porque se sabe que las bayas de Goji interactúan con algunos fármacos prescritos para tratar esas mismas alteraciones. Si tomas alguno de esos medicamentos de forma habitual, lo mejor es preguntarle a tu médico antes de incorporar las bayas a tu dieta.

Como lo más probable es que las consigas en su versión seca, no tendrás que dedicar mucho tiempo a prepararlas. Solo tienes que abrir la bolsa y añadirlas como aderezo a tu batido en bol favorito. Ninguna receta de este libro lleva Goji como ingrediente base, solo como aderezo, pero si quieres puedes ponerlas en remojo y utilizarlas junto con el agua (añadiendo un poco más de agua) para potenciar el efecto nutricional beneficioso de tu batido.

Cerezas

Deliciosas, en preciosos tonos de rojo y a veces de color amarillo, las cerezas son además un arma poderosa en la lucha contra el cáncer. Con alto contenido en vitamina A y C, así como potasio y antocianinas, las cerezas ayudan al organismo a luchar contra la inflamación y mantienen bajo control a las células cancerígenas. Para una dosis mayor de antioxidantes, escoge frutos maduros, los de color más oscuro.

---

* *Foodie* es un término inglés informal creado en 1984 por Paul Levy, Ann Barr y Mat Sloan para su libro *The Official Foodie Handbook*. Mientras que un *gourmet* es alguien de gustos exquisitos en lo relativo a la comida y a la bebida, un *foodie* es un *amateur* apasionado por todo lo relacionado con la comida (no solo la calidad, también los nutrientes, las curiosidades, los orígenes, la elaboración, la presentación de los platos…). En castellano se está comenzando a utilizar como alternativa el termino «comidista», sin embargo, en blogs y demás plataformas se ha impuesto sin duda el término anglosajón.

La temporada de las cerezas es al principio del verano y dura poco tiempo. Para alargar su conservación, mantenlas en la nevera y no las laves hasta justo antes de comerlas. Almacena las cerezas frescas en tu congelador (deshuesándolas primero) o cómpralas congeladas durante el resto del año.

Las cerezas son parte de la lista de la docena de frutas y verduras «sucias», las doce variedades más contaminadas por pesticidas (los «doce sucios»), una lista que publica cada año el Environmental Working Group. Esto significa que de todas las frutas y verduras que esta organización analizó en 2016, las cerezas ocupan el séptimo lugar de la lista de frutas con más probabilidad de ser contaminadas por pesticidas. Por ello te recomiendo que compres cerezas orgánicas si puedes.

Para preparar cerezas frescas, lávalas justo antes de usarlas y quítales los tallos (los rabitos) y los huesos. Los primeros son fáciles de quitar, pero los segundos no tanto. Si todavía no tienes un deshuesador de cerezas, puedes usar una pajita de las de beber. Coloca la cereza en la boca de una botella de cuello estrecho y haz pasar un pajita a través de su centro para empujar el hueso dentro de la botella. Ha de ser una pajita reutilizable (las de un solo uso son demasiado endebles). Es un método muy sencillo, puedes encontrar videos específicos en Youtube. Otra opción, aunque algo más laboriosa, es usar un cuchillo de cocina para cortar con cuidado la cereza por la mitad y sacarle el hueso.

Las cerezas aportan sabores distintos a tus recetas, según la variedad que utilices. Las oscuras y dulces pueden tener un sabor como de mermelada o parecido al vino, mientras que las cerezas para tarta tienen un sabor más ácido. Las variedades de cereza amarilla, como la Rainier, combinan bien con la mayoría de recetas, mientras que las oscuras aportan un tono rojo oscuro a cualquier preparado al que se añadan.

Chía

Estas semillas son potentes depósitos de aporte nutricional, solo 30 gramos de chía (unas dos cucharadas soperas) contienen el 30% de la ingesta diaria recomendada de magnesio, y el 27% de fósforo. Eso no es todo. Las semillas de chía también tienen un alto contenido en proteínas, calcio, fibra, potasio, antioxidantes, zinc y vitaminas del grupo B, además de ácidos grasos omega-3.

¿Dudas si gastar algo más de dinero en productos orgánicos? Estos son los ingredientes para preparar batidos en bol por los que vale la pena pagar algo más.

Escoge orgánico siempre que puedas	Puedes comprar la variedad no orgánica
Arándanos, avena, calabaza, cerezas, espinacas, frambuesa, fresas, fruta del dragón o pitaya, frutos secos y semillas, jengibre, granadas, granola, kale, kombucha, manzanas, moras, remolachas, té verde y té matcha, miel, melocotones, yogur, zanahorias	Acai, aguacate, coco, kiwi, mango, melón verde, naranjas y otros cítricos (a menos que quieras usar la piel), piña, sandía

El criterio para esta selección incluye la presencia de residuos persistentes de pesticida en el Test EPA, tanto si el ingrediente es un transgénico o en riesgo de contaminación por transgénicos, como si es una variedad no orgánica que sufre un proceso durante el que queda expuesto a sustancias químicas no deseadas.

La chía tiene la propiedad única de absorber el líquido y convertirlo en una gelatina. Puedes preparar un sencillo pudin de chía mezclando tres cucharadas soperas de semillas con una taza de leche de coco y un chorrito de extracto de vainilla. Lo remueves y lo dejas en la nevera 4 horas. Te sorprenderá lo que pasa. Las semillas de chía absorben hasta doce veces su peso en líquido, transformando un revoltijo de líquido en un delicioso postre.

Son útiles como espesante para los batidos en bol o como un saludable aderezo. Cuando entran en contacto con líquido, adquieren una textura similar a la tapioca y son muy digestivas.

Coco

Quizás sea el alimento tropical más conocido. Es ideal para preparar batidos en bol, no solo el fruto (fresco o seco) sino también su agua y su leche. Los productos elaborados con coco tienen un alto contenido en calcio y potasio, así como proteínas y ácidos grasos de origen vegetal. No te preocupes de su alto contenido en grasa; como en el caso del aguacate, se sabe que estos ácidos grasos de origen vegetal reducen el colesterol y contribuyen a la salud del corazón.

El agua de coco es el líquido que se encuentra dentro del fruto. Tiene un contenido elevado en electrolitos y muchos atletas la utilizan como una fuente natural y saludable, alternativa a las bebidas energéticas azucaradas. Sirve para preparar una refrescante base líquida y siempre la utilizo cuando preparo un batido para ayudar a recuperarse a alguien que ha estado enfermo o haciendo ejercicio.

En cambio, la leche de coco resulta de mezclar con agua su pulpa blanca triturada. Luego se tamiza para eliminar los restos sólidos. La parte más espesa y grasa de la leche de coco se llama crema de coco y se encuentra en la leche de coco enlatada, pero no en la que se vende en cartones. Las leches de coco enlatadas y en cartón tienen texturas muy distintas. La leche de coco entera enlatada (a veces se la llama leche de coco para cocina) tiende a ser más espesa y cremosa, hasta el punto de que hay que agitarla como mínimo un minuto antes de abrir la lata, para asegurarse de que la parte más grasa se mezcla bien con el líquido. Esta tendencia de la grasa a flotar sobre la superficie puede ser una ventaja, y en algunas recetas te indicaré que enfríes una lata de leche de coco para que la grasa flote en la superficie y que luego la raspes para añadirla a tu batido. Presta atención a las leches de coco que contienen aditivos como edulcorantes y espesantes, las de mejor calidad contienen solo coco y agua. Mejor aún si es orgánica.

La leche de coco en cartones es más líquida y más fácil de verter, lo que la convierte en una buena sustituta de la leche animal en recetas o para tomar con cereales. La mayoría de las leches de coco en cartón contienen emulsionantes y otros aditivos que ayudan a mantener la textura suave de la leche. Si sigues una dieta paleo o Whole 30, es importante que te fijes en los aditivos, lo podrás ver en la etiqueta. Si no encuentras una leche en cartón que se ajuste a tus restricciones dietéticas, puedes usar leche enlatada en todas las recetas de este libro, y también te quedarán deliciosas.

La pulpa o carne del coco fresca también es deliciosa. Si no encuentras cocos frescos en las tiendas de tu zona, puedes comprarlos en distintas tiendas virtuales, incluso en Amazon. Las mitades del coco recién partido también sirven como divertidos boles naturales.

COMO ABRIR UN COCO

El coco fresco es un interesante ingrediente que incorporar a nuestro repertorio de batidos en bol. Abrir un coco es fácil, pero de entrada puede imponer un poco si nunca lo has hecho antes. Sigue estas instrucciones y no tendrás problema.

Empieza practicando un orificio en uno de los «ojos» con un cuchillo pequeño y afilado o con un sacacorchos. A través del orificio, vierte el agua coco en un vaso. Puedes bebértela o guardarla en la nevera para preparar un batido en bol más adelante. Para partir el coco por la mitad, sujétalo como si los ojos fueran el Polo Norte y golpéalo alrededor del perímetro del «ecuador». Usa el mango de un cuchillo pesado o golpea el coco contra el borde de un escalón de cemento. Continúa golpeándolo en la zona del «ecuador», rotándolo para golpearlo en diferentes puntos hasta que el coco se agriete de forma natural por la mitad.
Retira la pulpa blanca de la cáscara de una de las mitades insertando una cuchara o un cuchillo de cocina entre la cáscara y la membrana que rodea la pulpa; luego separa las partes.

¿Eres una persona visual? Visita mi canal de YouTube, *Creative Green Living*, y podrás ver un tutorial paso a paso en el que te enseño cómo abrir un coco.

Los cocos también están disponibles en distintas presentaciones secas, y te animo a que experimentes con diferentes marcas hasta que encuentres la que más te guste. La textura y los sabores del coco desecado pueden cambiar de forma drástica según cómo se hayan preparado. Asegúrate de revisar la etiqueta con sus ingredientes si estás evitando el consumo de azúcar y conservantes.

Espinacas

Pues resulta que Popeye hizo un gran descubrimiento. La espinaca es una potente fuente de vitaminas A y C, así como del hierro tan necesario para las células de la sangre. Si las espinacas enlatadas o en ensalada no son lo tuyo, los batidos en bol son una opción estupenda para tomar más cantidad de este vegetal.

Su sabor suave permite disfrazarlas con los sabores de otros alimentos. Puedes usarlas para darle un toque verde y original a un batido clásico como la *verdiña colada* (página 171) sin que sepa a hierbas. El sabor suave de las espinacas también las convierte en un arma secreta de los padres para combatir la aversión de los pequeños de la casa a todo lo verde. Podéis disimular las espinacas con bayas de color oscuro en recetas como *mañanas de matcha* (página 195) y *verde no-verde* (página 221) y nunca lo notarán.

Cuando compres espinacas para los batidos en bol, escoge espinacas *baby* orgánicas (orgánicas porque las espinacas se caracterizan por su capacidad de retener los pesticidas convencionales por mucho que las laves, y *baby* porque las hojitas más tiernas se mezclan más fácilmente en el batido, sin grumos formados por las molestas fibras de las hojas más grandes). A pesar del amor que Popeye les tenía, evita las latas de espinacas. Las congeladas van bien si vas a añadir un pellizco, pero me parece más difícil que queden bien mezcladas.

Si te enamora ese bonito verde que tienen, no tengas miedo de experimentar. Puedes añadir un puñado de espinacas a la mayoría de batidos, aunque como he dicho antes, si quieres evitar el color marrón, evita mezclarlas con ingredientes de color rojo.

Frambuesas

En sus versiones roja y negra, son un placer dulce que espero todos los veranos. Las rojas son las que encuentro más a menudo, pero la popularidad de las frambuesas negras va en aumento. Si tu tienda habitual no las tiene en verano o en otoño, que es su estación, intenta buscarlas en la sección de congelados.

El perfil nutricional de las dos variedades es similar en lo que se refiere a su contenido en vitaminas y minerales. Pero la versión negra gana a la roja en sus propiedades antioxidantes: tienen más de diez veces el contenido de las rojas en antioxidantes (sobre todo, antocianinas). Son responsables del color oscuro de las frambuesas negras, y pueden ayudar a prevenir y combatir el cáncer.

Busca las frambuesas orgánicas frescas de los dos colores en las tiendas especializadas y en los mercados de fruta en verano. Absorben mucho los pesticidas, así que es mejor comprarlas orgánicas. Las frambuesas congeladas son otra versión estupenda para incorporarla a la dieta durante todo el año. Depende de la variedad que escojas (roja o negra), teñirán tu batido de rojo o de púrpura, y le darán un sabor ácido.

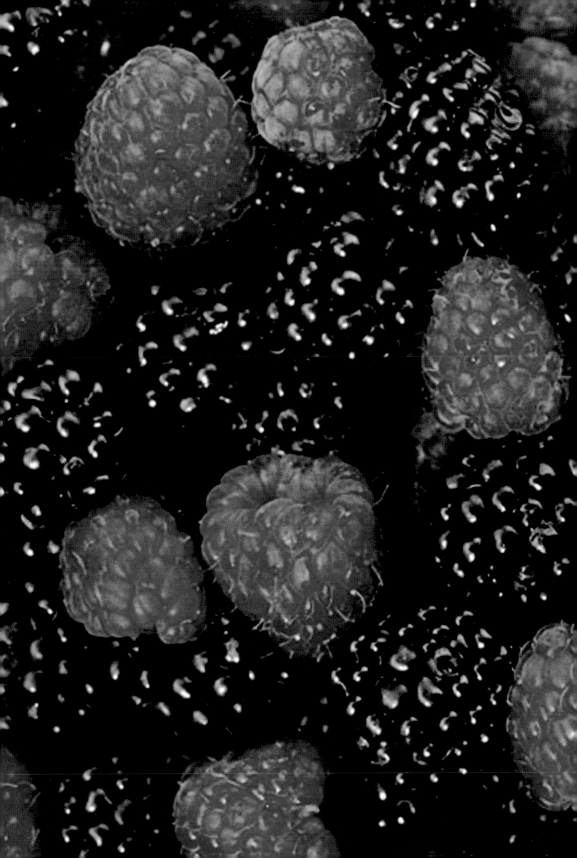

Fresas

Estas joyas de color rubí, mi acontecimiento favorito del mes de junio, tienen un alto contenido en vitamina C, fibra y manganeso. Su concentración de antioxidantes y fenoles es de las mayores de entre las frutas y verduras. Son, pues, un excelente ingrediente en tu arsenal de combate alimentario contra el cáncer y la enfermedad.

Las fresas son otra de esas frutas en las que conviene gastar algo más para comprar la versión orgánica. Por desgracia, retienen concentraciones elevadas de pesticidas que, sin duda, no quieres añadir a tu batido en bol. La mejor forma de evitarlo es asegurarse que compramos fresas cultivadas según las prácticas de la agricultura orgánica.

Mis fresas favoritas son una variedad que tenemos en Oregón, se llaman *Hood Strawberries*. No creo que las encuentres si no vienes aquí, a los mercados de frutas. Estos bocados jugosos se distinguen por su textura y su sabor, y se estropean pocos días después de recogerlas, así que no son adecuadas para distribuirlas a otras zonas. Te preguntarás por qué, entonces, te cuento todo esto. Es fácil, es muy posible que tú también cuentes con una variedad local de fresas. Pregunta en los mercados de frutas y verduras y estoy segura de que encontrarás fresas más sabrosas que cualquiera de las que puedes comprar en una tienda habitual.

Abastécete de fresas frescas cuando es temporada, en verano, y congélalas para usarlas más adelante durante el año. Para prepararlas para congelar, lávalas, sécalas y quítales las hojas verdes. Congélalas sobre una lámina de papel de horno antes de guardarlas en una bolsa de congelación. Si eso es más trabajo del que estás dispuesto a hacer, también puedes comprar fresas orgánicas congeladas en la sección de congelados de tu tienda habitual.

Fruta del dragón o pitaya

El aspecto de la fruta del dragón o pitaya es el de un huevo de dragón (según la descripción que haría un escritor de ciencia ficción). La mayoría de variedades de esta fruta son de color rosa con escamas verdes, aunque también hay variedades de piel amarilla. La pulpa de la fruta es blanca o de color rosa oscuro, con cientos de diminutas semillas negras. Las semillas son suaves y comestibles,

como las semillas negras del kiwi; algunos han descrito el sabor suave y dulce de la fruta como un sabor entre la pera y el kiwi.

Crece en regiones húmedas y cálidas de Centroamérica y Sudamérica, así como en el Sudeste asiático. En California y Florida está aumentando la industria de cultivo de la pitaya, pero la mayor parte de la que encontrarás en las tiendas es importada. El clima del lugar donde vivo en Oregón no es bueno para cultivar esta fruta, pero si vives en una región húmeda y cálida, no dudes en intentar hacer crecer una planta de pitaya en tu patio para tener a mano con facilidad esta *superfruta* tropical.

La pitaya es una buena fuente de hierro, magnesio y calcio, así como de vitaminas B_2 y C. Sus semillas comestibles tienen un alto contenido en ácidos grasos omega-3 y omega-6, que ayudan a cuidar tu sistema cardiovascular. Todas las variedades de fruta del dragón son ricas en antioxidantes, que contribuyen a combatir el efecto de los radicales libres, aunque la mayor cantidad de antioxidantes se encuentra en la variedad de pulpa rosa.

Para prepararla, corta la fruta por la mitad longitudinalmente y retira la capa externa con las manos, de la misma forma que harías con la piel de un aguacate. También puedes utilizar una cuchara para sacar la pulpa (como harías para comerte un kiwi), pero creo que el primer método es más eficiente y se desperdicia menos. La capa exterior no es comestible, pero puede servirte para hacerte un curioso bol natural en el que servir la ensalada de frutas o el batido. También puedes encontrar pitaya en la sección de congelados

del supermercado, tanto cortada en dados como triturada en envases de batido. Cuidado con la variedad de pulpa rosa, porque mancha las manos, la tabla de cortar y todo lo que toca, como la remolacha. Por esta razón, muchos prefieren la variedad de pulpa blanca para comerla fresca y la rosa la compran ya preparada y congelada.

Frutos secos

Todos los frutos secos son ricos en proteínas, ácidos grasos, minerales y vitaminas. Pero algunos tienen sus propios *superpoderes*. Las almendras son ricas en manganeso y magnesio. Las nueces de Brasil contienen una cantidad extraordinaria de selenio. Algunos médicos incluso recetan nueces de Brasil a sus pacientes en lugar de suplementos sintéticos de selenio, como parte del tratamiento de la enfermedad tiroidea.

Tanto si prefieres una única variedad de fruto seco como si te gusta mezclarlos, son un gran aderezo de los batidos en bol. Las almendras y los anacardos crudos a menudo se usan como cobertura de las recetas de este libro, pero no tengas miedo de mezclarlos. Cambia los frutos secos de una receta para probar una nueva combinación. O prueba a añadirlos aunque la receta no los incluya. Siempre que quiero añadir un extra de proteínas a un batido en bol, o quiero hacerlo más saciante, le añado algún fruto seco.

Los frutos secos tostados pueden llevar aditivos poco saludables, así que la versión cruda suele ser la elección de los fans de la comida sana. Casi todos los frutos secos «crudos» que se venden en Estados Unidos están pasteurizados con vapor u otro gas químico. Puesto que el proceso de pasteurización casi nunca se indica en el envase, es mejor escoger frutos secos orgánicos para reducir tu exposición a sustancias químicas no deseadas.

Aviso para los lectores que no consumen gluten: aunque los frutos secos no contienen gluten, durante su manufactura pueden añadirse aditivos que sí lo contienen. Los frutos secos también pueden manufacturarse en fábricas que procesan productos con trigo, por eso es mejor leer las etiquetas. Las recetas de este libro con la etiqueta «sin gluten» dan por sentado que has escogido frutos secos que no han sido contaminados con gluten, si es que esto es un condicionante dietético para ti.

Cuando compres frutos secos, pagarás un extra si escoges las presentaciones laminadas, ralladas o trituradas. Si vas a usarlos como aderezo en tu batido en bol, ahórrate el dinero y retrasa el proceso de oxidación comprando los frutos secos enteros y laminándolos, triturándolos o picándolos en tu robot de cocina justo antes de usarlos. También puedes guardarlos en un tarro en el congelador para retrasar el proceso de oxidación.

Jengibre

Delicioso y picante, el jengibre es un rizoma o tallo que crece bajo tierra y que viene cargado de sabor. El gingerol es la sustancia que le da su particular gusto, pero además, entre otras muchas propiedades, inhibe el crecimiento de las células cancerosas y reduce la inflamación. El jengibre ayuda a tu sistema digestivo reduciendo los síntomas de la indigestión y las náuseas, algo que muchas madres embarazadas agradecen cuando sufren náuseas matutinas (o náuseas durante todo el día, como fue el caso de mis embarazos).

Cuando compres jengibre, siempre que puedas escoge la raíz fresca en lugar de jengibre seco o rallado. Para usarlo en las recetas, corta un trozo de raíz y quítale la fina piel rascándola con una cuchara o retirándola con un cuchillo de cocina. Una vez pelada, la raíz de jengibre puede trocearse, triturarse o cortarse en rodajas. O tan fácil como añadirlo a la batidora para batirlo con el resto de ingredientes.

El jengibre añade un delicioso sabor picante a las recetas, ten en cuenta que basta con agregar solo un poco. Si has comprado más jengibre del que necesitas para tus batidos, prepara una sanísima infusión con unas rodajas, un poco de menta y rodajas de limón orgánico.

Kale

A lo mejor te preguntas la razón del bombo publicitario del kale. Bueno, una taza de kale picado o molido contiene el 684% de la recomendación dietética diaria de vitamina K, el 206% de vitamina A, y el 134% de vitamina C. Eso es un montón de vitaminas en una sola taza. Pero sorpresa, porque aquí no se acaban sus propiedades. Es también una buena fuente de manganeso y cobre, y uno de los vegetales más eficaces para detener el daño de los radicales libres.

Para preparar el kale fresco para usarlo en batidos, quítale las hojas al tallo central. Descarta los tronchos y añade las hojas en trozos a la batidora. El kale congelado está disponible en porciones en la sección de congelados, pero creo que el kale fresco queda mucho mejor triturado en los batidos, sin dejar trocitos verdes que luego se te quedan entre los dientes. Mi variedad favorita para batidos es el kale lacinato, al que a veces también llaman kale dinosaurio o toscano, pero no dudes en probar variedades diferentes hasta que encuentres la que te guste más.

El kale se cultiva en suelos contaminados con pesticidas o con metales pesados, puede absorber estos contaminantes y mantenerlos en las hojas, así que asegúrate de escoger kale orgánico siempre que puedas. Si tienes un jardín en casa y piensas cultivar tu propio kale, haz que analicen la tierra para detectar si contiene plomo y otros metales pesados.

Este vegetal puede dar a los batidos un poco de sabor herboso, aunque esto puede mitigarse añadiendo otro sabor para disfrazar el sabor «verde» del kale. Prueba las recetas de este libro, y experimenta por tu cuenta para encontrar tu combinación de sabores favorita. Los batidos con kale son de un precioso color verde intenso. Pero cuidado al mezclar, acuérdate de la rueda de los colores y evita mezclar el verde con rojo, si no quieres que tu batido sea de color marrón.

Kombucha

Aunque es bien rica sola, la kombucha es un superalimento estupendo para usar como ingrediente de los batidos. La kombucha es un té endulzado fermentado con SCOBY (acrónimo que en inglés significa «colonia simbiótica de bacterias y levaduras»), que se «come» el azúcar y deja las hojas de té un poco carbonatadas y llenas de enzimas beneficiosas, probióticos y vitaminas B. Se puede encontrar kombucha sin sabores añadidos, pero es bastante habitual que lo comercialicen con diferentes gustos (a hierbas y frutas). Estos sabores naturales no suelen aportar ningún valor nutricional destacable, pero sin duda están ricos.

La kombucha ayuda a los procesos naturales de desintoxicación del cuerpo y su alto contenido en probióticos favorece una digestión sana. Según varios estudios este alto contenido en probióticos le aporta también propiedades antidepresivas y ansiolíticas.

La kombucha suele venderse embotellada en las tiendas especializadas en alimentación orgánica. En Estados Unidos cuesta entre 2 y 5 dólares por 30 ml, así que si bebes mucha cantidad puede resultarte caro. En ese caso, piensa en preparar la bebida en casa. Para instrucciones detalladas sobre cómo preparar tu propia kombucha, consulta *The Big Book of Kombucha*, de Hannah Crum (2016, Storey) o si quieres preparar no solo kombucha, sino otras bebidas fermentadas saludables, consulta el *Delicious Probiotic Drinks* de Julia Mueller (2014, Skyhorse).

El sabor de la kombucha varía mucho de una marca a otra. No te rindas al primer intento. Prueba otra marca o sabor diferente. ¿No encuentras una que te convenza? Las recetas de este libro son una forma estupenda de aprovechar los beneficios probióticos y nutricionales de la kombucha sin tener que beberla directamente, evitando un sabor que tal vez te resulte fuerte.

Mango

Es una auténtica fábrica de vitamina C (un mango contiene más del 200% de tus requerimientos dietéticos diarios). Además tiene un alto contenido en vitaminas A y B_6, junto con potasio, folato y magnesio. Como los anteriores superalimentos, el mango tiene una cantidad elevada de antioxidantes. Un antioxidante abundante en el mango, la zeaxantina, filtra los nocivos rayos azules violeta, y se cree que protege los ojos de las afecciones asociadas con el envejecimiento, como la degeneración macular. Otros antioxidantes presentes en el mango podrían ser útiles para combatir los efectos de los radicales libres y las células cancerígenas.

Para escoger un mango maduro, debe ser ligeramente dúctil al tocarlo pero no debe estar blando y tiene que ser consistente. El mango se presenta en colores diversos, así que el color de la piel no sirve de pista para saber si está maduro. Para averiguarlo no hay más remedio que tocar la pieza de fruta. Si resulta que compras un mango y no está maduro, déjalo en la encimera de la cocina a temperatura ambiente para que siga madurando, como harías con un plátano verde. También puedes comprar mango preparado en bolsas en la sección de congelados de tu supermercado. Aunque comprar orgánico siempre es una buena idea, el mango es una de las frutas menos contaminadas con pesticidas, así que la versión no orgánica también es una buena opción, sobre todo si tu presupuesto no es ilimitado.

Para preparar el mango fresco para batidos, retira la piel con un pelador dentado y separa la carne del hueso central con un cuchillo. También puedes cortar el mango por la mitad, sin pelarlo, y hacer cortes tipo cuadrícula que cortarán la carne, pero no la piel. Empuja luego la piel para hacer que los cuadrados sobresalgan, formando un divertido patrón, perfecto para servir acompañando tu batido en bol.

Melocotones

Los melocotones son dulces, jugosos y una completa fuente de vitamina C y minerales. Aunque no aportan cientos de veces las cantidades diarias de nutrientes recomendadas, como otros superalimentos de esta lista, contienen muchas vitaminas y minerales distintos en cantidades moderadas, lo que los convierte en un superalimento muy versátil. Los melocotones son una buena fuente de vitaminas A, C, E, K y B. También son una forma de incorporar fibra a la dieta, así como potasio y ácidos grasos omega-6.

Para el máximo beneficio nutricional, utiliza melocotones frescos o congelados. Aunque su sabor es muy sabroso, los melocotones en lata a menudo llevan conservantes y azúcar. Además el calor que se aplica durante el proceso de enlatado destruye algunos de los nutrientes que contiene el melocotón fresco. Si se utilizan latas de metal (a diferencia de tarros de cristal) existe una probabilidad elevada de que los melocotones absorban bisfenol-A (BPA) y otros ftalatos (disruptores hormonales) del revestimiento de las latas. La congelación, por otro lado, preserva muchos de los nutrientes que se destruyen con el calor durante el proceso de enlatado y evita los químicos disruptores hormonales que se encuentran en las latas.

Debido al elevado nivel de residuos de pesticida que se encuentran en los melocotones cultivados del modo convencional, es recomendable que compres melocotones orgánicos siempre que puedas. Si no los encuentras, lávalos bien y quítales la piel con un pelador dentado para ayudar a minimizar la exposición a los pesticidas que se rocían sobre los frutos cuando están en la huerta.

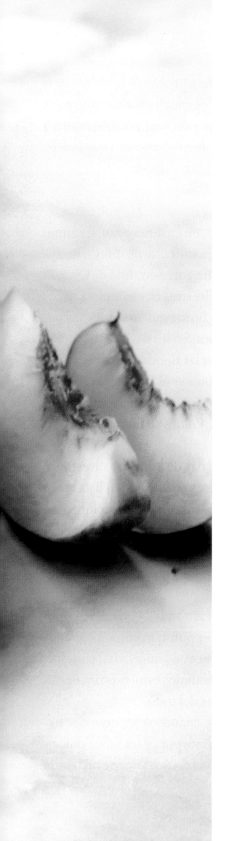

Esta fruta da un sabor dulce y fresco a los batidos, además de un precioso color naranja. El color es bastante suave, pero si quieres evitar el marrón en tu batido, es un tono naranja fácil de disimular con ingredientes de color rojo, verde o púrpura, así que no temas experimentar con esta deliciosa fruta.

Miel

La miel es un superalimento dulce que ayuda a prevenir el cáncer y las enfermedades del corazón, y también calma la irritación de garganta y la tos aguda. Todas sus variedades contienen una gran cantidad de antioxidantes, aunque esta cantidad varía según el tipo de flores de las que se alimentan las abejas que fabrican la miel. Como norma general, cuanto más oscura es la miel, mayor es su contenido en antioxidantes.

Hay, sin embargo, malas noticias recientes sobre la miel. En 2015 investigadores de la Boston University y de Abraxis LLC analizaron algunas muestras de miel, que mostraron una contaminación generalizada por glifosato. El glifosato es un ingrediente activo de herbicidas. La Organización Mundial de la Salud ha establecido que este herbicida es un posible carcinógeno y, básicamente, es un antisuperalimento. Es un veneno y, sin duda, una sustancia a la que no deberías exponerte.

Es cierto que el análisis de algunas mieles orgánicas en el estudio que he mencionado también ha mostrado contaminación por glifosato, pero la miel orgánica tiene muchas menos probabilidades de estar contaminada, y si lo está, la cantidad de herbicida es mucho menor que en el caso de la miel convencional. Para escoger la versión más sana posible, compra miel orgánica. Si es posible, visita a los productores de miel orgánica que la venden en los mercados artesanales y pregúntales cómo la producen.

Moras

En la zona del noroeste del Pacífico donde vivo, en cualquier zanja, campo u otra parcela de terreno sin protección, puedes encontrar arbustos de moras silvestres todo el verano. Algunos dicen que no eres un auténtico hijo de Oregón o de Washington hasta que has recolectado moras silvestres en cualquiera de los muchos sitios donde crecen, como en los parques o bordeando los caminos.

Por supuesto, en verano, puedes encontrar moras en los pasillos del supermercado y en las fruterías, y durante todo el año en las tiendas de congelados. Basta una taza de estas bayas jugosas y dulces para obtener el 50% de la cantidad diaria recomendada de vitamina C. Las moras también tienen mucha vitamina K y antociacinas (los flavonoides que dan a las moras su color y su fuerza para combatir el estrés oxidativo y el cáncer).

Para escoger las bayas con el mejor sabor, tómalas de arbustos silvestres o consíguelas en las fruterías a finales de verano, que es cuando están listas para comer. Tal vez las encuentres también en cualquier tienda de alimentación, pero me he dado cuenta de que las variedades que se venden en estos establecimientos son las que aguantan sin aplastarse las desventuras del proceso de distribución, no las variedades que tienen mejor sabor. Sin duda tienen un aspecto precioso, pero a menudo están amargas y son menos jugosas que las variedades locales. Las moras congeladas también son una opción muy buena. Suelen ser más dulces que las frescas porque se recolectan en su punto máximo de maduración y se congelan justo antes de distribuirse. Frescas o congeladas, cómpralas en su versión orgánica, pues la forma de esta baya tiene pequeños rincones y hendiduras de donde es difícil eliminar los pesticidas del todo.

Aunque al primer golpe de vista parecen negras, cuando se trituran o se baten para preparar un batido, las moras dan un color púrpura y un sabor dulce y ácido. El color es lo bastante intenso para ayudar a corregir el color de un batido que te haya quedado demasiado marrón por accidente. Si el color ha quedado algo apagado, añade algunas «moras de urgencia» para volver a iluminarlo.

Naranja

Las naranjas son conocidas por su contenido en vitamina C, pero ahí no se acaban los beneficios de este cítrico. También tienen un alto contenido en fibra, folato y antioxidantes, que combaten los efectos de los radicales libres. Por supuesto, no olvidemos su precioso color naranja intenso, que complementa de forma bellísima otros ingredientes de color naranja usados para preparar batidos, como las zanahorias, el mango y los melocotones. Su sabor también combina muy bien con estos ingredientes.

Para obtener el máximo beneficio nutricional de estos cítricos en tus batidos, usa naranjas frescas en lugar de zumo de naranja exprimido. La vitamina C se degrada rápidamente en contacto con el oxígeno, así que reducir el tiempo entre el momento de exprimir las naranjas y de añadir el zumo al batido ayudará a aprovechar al máximo sus cualidades nutritivas. Usar los gajos de la naranja en lugar del zumo también añade una buena cantidad de fibra a tu batido, y eso mejorará tu digestión.

Si no te resulta práctico utilizar naranjas frescas en lugar de zumo, procura evitar los zumos embotellados, la mayoría de ellos se elaboran con naranjas procendentes de la agricultura intensiva, cargadas de pesticidas y fungicidas.

Piña

Casi al final del embarazo de mi segundo bebé, me comí boles y boles de piña fresca, por aquello que dicen de que ayuda en el momento del parto. No funcionó, pero sí me dio un extra de vitamina C y de manganeso. Una sola taza de piña fresca proporciona el 131% de la dosis diaria recomendada de vitamina C y el 76% de la dosis diaria de manganeso.

Es una de las frutas con menor contaminación de pesticida, no tengas miedo de comprar la versión no orgánica si la orgánica no está disponible. Lo que sí debes tratar de evitar, si puedes, es la piña enlatada. No solo tiene mal sabor, sino que el revestimiento de la lata de metal contiene ftalatos que son disruptores endocrinos, como el bisfenol S (BPS) y el bisfenol A (BPA).

Para escoger la piña perfecta, busca una que, al sopesarla, sientas pesada para su tamaño y que tenga un olor dulce, evita las que huelan a rancio. Para prepararla, corta la parte superior y la inferior, y apóyala en la base para ayudarte a cortar la piel rugosa. Para eliminar la dura fibra del corazón usa un cortador de piña o corta el fruto en rodajas y retira después el corazón. Si te parece demasiado laborioso, la piña congelada no es cara y está disponible todo el año.

La piña da a los batidos un sabor agrio y ácido. El color amarillo y suave combina bien con los ingredientes usados habitualmente en los batidos en bol, sin imponer un sabor demasiado intenso. Esto convierte a esta fruta en un ingrediente versátil.

Plátano

Si pudiera dar un premio al superalimento más versátil, sin duda escogería al plátano. Es genial para comerlo solo, aderezar batidos en bol y como ingrediente del batido. Los plátanos congelados sirven para preparar una *delihelado* mágico tan rico como el helado de mayor calidad de la tienda.

Cuando pensamos en las propiedades nutricionales del plátano a la mayoría nos viene a la cabeza el potasio. Es verdad que el plátano tiene un contenido elevado en potasio, pero también lleva mucha vitamina B6 (una sola pieza te proporciona el 20% de la cantidad diaria de referencia), además de vitamina C. Los plátanos también contienen triptófano, el aminoácido precursor de la serotonina, una sustancia química relacionada con la sensación de bienestar y felicidad. ¿Es por eso que sentarte a comer el *delihelado sirena mágica* (en la página 165) te pone de tan buen humor? Seguramente.

Comemos muchos plátanos en casa, tantos que siempre tengo una buena cantidad de ellos a mano. Además de la versión fresca, me gusta que en mi congelador haya plátanos congelados para hacer batidos y *delihelado*. Para congelar plátanos solo hay que pelarlos, partirlos en trozos, meterlos en una bolsa para congelar y dejarlos en el congelador, así de fácil.

Esta fruta da un color blanco o crema a los batidos, y eso te permite mezclarlos en cualquier brebaje que se te ocurra preparar. También aportan un sabor dulce a cualquier preparado, sobre todo si utilizamos plátanos bastante maduros.

Consejo para batidos en bol: acostúmbrate a partir los plátanos en el mismo número de trozos antes de congelarlos. Así te será más fácil calcular la medida de «un plátano» de tu bolsa de plátanos congelados. Cuando en una receta se indica utilizar un plátano, suelo contar seis trozos.

Remolacha

La remolacha es uno de esos alimentos que se aborrece o se adora, aunque casi todo el mundo coincide en que tiene un color increíble. Puede utilizarse cruda, como en el batido *besos rosas* (página 101), o cocinarse como en la receta *latidos de remolacha* (página 109). Tanto crudas como cocinadas, las remolachas conservan sus energéticos fitonutrientes, que ayudan a prevenir el cáncer y disparan la vitalidad. Aunque te haga arrugar la nariz, te pido que le des una oportunidad a alguna de estas recetas. Puede que descubras una nueva forma de añadir las remolachas a tu dieta.

La remolacha tiene distintos colores y aspectos, incluida la variedad Chioggia, que cuando la cortas te sorprende con su carne rallada a dos colores, rojo y blanco, como los bastones de caramelo. Las variedades de remolacha de colores lisos van de colores como el naranja amarillento hasta el púrpura intenso, pasando por la gama del rosa. Echa un vistazo a las fruterías del mercado y anímate a escoger una variedad nueva para experimentar con ella. Como en el caso de todos los tubérculos, te recomiendo comprarlos orgánicos siempre que puedas, porque absorben tanto los nutrientes como las toxinas del suelo, precisamente en la parte de la planta que te comerás.

Las remolachas de cualquier color manchan todo lo que tocan. Recuérdalo cuando escojas en qué tabla de cortar las prepararás, y cuánto jugo dejarás que entre en contacto con tus manos. También te recomiendo que uses un delantal.

Este bulbo teñirá tus batidos de un color intenso (naranja, rosa o púrpura, según la variedad que uses), y les dará un sabor como a tierra. Si cocinas la remolacha antes de batirla, sabrá más dulce y su sabor perderá algunas notas de ese gusto terroso.

Sandía

No sé si hay una fruta más típica del verano que la sandía. Muchos piensan en ella como una fruta de bajo contenido nutricional, compuesta sobre todo de azúcar y agua. Aunque es verdad que las sandías contienen aproximadamente un 90% de agua, aun así tienen un considerable valor nutricional por caloría. Son una buena fuente de ácidos grasos omega-6, así como de vitaminas A y C. Sorprendentemente, la sandía contiene más licopeno (un conocido antioxidante que reduce los achaques de la edad) que el tomate. El contenido de antioxidantes de la sandía es bastante estable y permanece inalterado días después de abrir la sandía, si la guardas en el frigorífico.

Para elegir una sandía en su punto, busca una pieza que sea pesada para su tamaño y que tenga una mancha amarillenta en el lado donde ha estado apoyada en el campo. Si no lo tiene, es que la han cogido antes de tiempo.

Para preparar sandía fresca, lávala por fuera con agua jabonosa para eliminar la suciedad y los restos de pesticida. Luego, corta la parte del rabo y la base, aguántala y corta una rodaja de arriba abajo. Separa la piel con un cuchillo. La sandía ya está lista para cortarla en rodajas, dados, darle forma, etc. Para congelarla, corta en dados la sandía sin piel y deja que se seque sobre una hoja de papel de cocina. Sécala con otro papel y ponla sobre una lámina para hornear galletas. Guarda en el congelador el papel de hornear con la sandía encima dos horas o más antes de guardar los cubos en una bolsa de congelar para una conservación más prolongada.

Semillas de lino

Si diéramos un premio al superalimento más antiguo, sin duda se lo llevarían las semillas de lino (linaza). Su larga historia se remonta a la antigua Babilonia, donde se cultivaban por sus múltiples beneficios para la salud. Han pasado más de cinco mil años y la industria de la linaza sigue prosperando.

Las semillas de lino son ricas en ácidos grasos omega-3, fibra, proteína, manganeso, magnesio, fósforo, selenio y antioxidantes. Uno de sus antioxidantes, el lignano, se cree que ayuda a la recuperación del cáncer, al control de la diabetes y a reducir la inflamación. De hecho, estas semillas tienen más lignano que cualquier otro alimento.

Usar estas semillas en los batidos es una forma sencilla de potenciar sus propiedades nutricionales. Para disfrutar todos sus beneficios, asegúrate de usarlas molidas. Puedes molerlas antes de añadirlas al batido, o añadirlas sin moler al vaso de la batidora si tienes uno de esos modelos capaces de batir las semillas. Si no se muelen antes de tomarlas, es muy posible que transiten por tu tracto intestinal sin llegar a digerirse, lo que significa que tu organismo se pierde todos sus beneficios nutricionales. Aunque puedes comprar las semillas molidas, si las compras sin moler y las pulverizas justo antes de usarlas, ayudas a conservar su valor nutricional. Si vas a moler cantidades grandes, guárdalas en una bolsa en el congelador para evitar la pérdida de nutrientes por oxidación. Puedes guardar las semillas enteras en un lugar frío, como la nevera o en una despensa fresca hasta que vayas a usarlas.

Té verde y té matcha

La fama de superalimento del té verde se debe a su contenido en catequina. Las catequinas son antioxidantes conocidos por combatir el daño celular, reducir el colesterol, bajar la presión arterial y ayudar a la salud cardiovascular. El té verde también contiene un aminoácido llamado L-teanina, que posee efectos ansiolíticos y aumenta la dopamina. Se cree que la L-tianina interactúa de forma sinérgica con el contenido de cafeína del té, de manera que su ingesta estimula las funciones cerebrales, pero, a diferencia de lo ocurre con el café, sin provocar agitación.

Se cree que este tipo de té acelera el metabolismo y mejora el rendimiento físico, pero aún no existen suficientes estudios para asegurarlo. En lo que sí están de acuerdo los estudios es en que tomar té verde de forma habitual reduce el riesgo de enfermedad cardiovascular, y disminuye también los valores de colesterol total y de colesterol malo (LDL).

El té matcha, un polvo de té verde molido, está en el punto de mira nutricional. Tiene todos los beneficios nutricionales que he mencionado antes, pero como en este caso te tomas las hojas de té verde molidas (algo bastante diferente de ponerlas en infusión y luego desecharlas), en una sola taza de matcha ingieres más nutrientes que en el té verde en infusión. Prepararlo en casa es algo laborioso, y necesitarás una batidora especial. Por suerte para ti, es también ideal para añadirlo directamente al batido sin ninguna preparación previa.

Algunas de las recetas de este libro llevan el té verde como ingrediente. El té puede prepararse en infusión en agua justo por debajo de la temperatura de hervor o añadirlo a agua fría. No hay duda de que todo el té verde es beneficioso, pero cuanto menos se procese antes de llegar a tus manos, mucho mejor. Esto quiere decir que la hoja entera de té verde orgánico es preferible a las bolsas de té, preparadas con hojas cortadas o trituradas. Cuando prepares el té en infusión, usa agua filtrada para evitar el cloro y el fluoruro. Vierte 240 mililitros de agua caliente o fría en una cucharada pequeña de hojas de té (o una bolsa). Si usas agua caliente, filtra las hojas después de 3 minutos. Para preparar té con agua fría, deja en agua las hojas durante 3 a 4 horas antes de colarlas. Me gusta tener té verde en infusión a mano en la nevera para preparar batidos o para beberlo durante el día. Pero también puedes preparar una infusión de té justo antes de tomarla vertiendo 120 ml de agua caliente sobre 1 cucharada de té a granel o una bolsa de té, dejándolo 3 minutos, y servírtelo inmediatamente en una taza con hielo.

Tanto el té verde en infusión como el té matcha añaden un sabor a hierba y a tierra a los batidos. Si no te gustan los sabores fuertes pero no quieres dejar de disfrutar de las propiedades nutricionales del té verde, es fácil disfrazarlo con sabores más intensos como las bayas y la piña.

Yogur

Fermentado, lleno de bacterias «buenas», el yogur proporciona una buena dosis de probióticos, junto con calcio, vitamina B2 y ácidos grasos omega-3 y omega-6. No es solo para los fans de los lácteos estándar. También se venden yogures veganos hechos con coco, almendra y soja, o con leche de cáñamo, un buen extra de probióticos, tanto como sus equivalentes elaborados a base de leche de origen animal.

Los dos tipos de yogur darán una consistencia espesa y cremosa a tus batidos. Si te gustan los batidos supercremosos, puedes usar yogur griego. Esta variedad de yogur se cuela para separarlo del suero, y el producto resultante es más espeso que el yogur normal y con un mayor contenido en proteínas.

Si escoges un yogur con lácteos, opta por los orgánicos. La industria lechera convencional ha incorporado, por desgracia, prácticas como alimentar a las vacas con cultivos genéticamente modificados y administrarles hormonas del crecimiento (aunque la FDA* afirma que no existe diferencia entre la leche producida por estas vacas y la de las vacas que no reciben hormonas). Las vacas que proporcionan leche para producir lácteos orgánicos reciben una dieta con ingredientes orgánicos y sin transgénicos, y no se las trata con hormonas de crecimiento. La leche orgánica tiene el beneficio adicional de un contenido elevado en ácidos grasos omega-3 y menor contenido en residuos de pesticidas que la leche convencional, cualidades que se traspasan al yogur que se fabrica con dicha leche.

Si prefieres el yogur vegano, escoge un yogur con garantía de que la soja utilizada no es transgénica. A menos que sea así, lo habitual es que sea transgénica y que se trate con elevadas dosis de herbicidas, una sustancia que, sin duda, no quieres tomar con el desayuno. Otros ingredientes básicos habituales del yogur vegano son las leches de coco, de cáñamo y de almendras, que no tienen versión transgénica.

Cuando compro yogur, prefiero escogerlo sin endulzar. Los de sabor dulce llevan distintos edulcorantes naturales y artificiales, conservantes, colorantes y aún más compuestos. Comprar yogur natural sin edulcorantes es una forma de controlar los edulcorantes que tomo.

---

* N. del T.: Food and Drug Administration: departamento del Gobierno de Estados Unidos con potestad para regular los alimentos, los medicamentos y los productos cosméticos.

Zanahorias

¿Sabías que hay zanahorias de toda la gama de preciosos colores del arcoíris? Las que suelen encontrarse en las tiendas son de color naranja, pero también las hay rojas, amarillas, de color púrpura y negras (mis favoritas son las púrpura). Bien conocidas por ser buenas para la vista, las zanahorias tienen un contenido excepcionalmente elevado en vitamina A: una única pieza de tamaño medio te aporta más del 200% de los requerimientos recomendados diarios. Las de color negro y púrpura también contienen mucha vitamina A y antonianicas, en un nivel parecido a las moras y los arándanos.

He escogido las zanahorias naranjas para las recetas de este libro porque las otras variedades no son fáciles de conseguir. Si tienes un jardín, sin embargo, no dejes de cultivar zanahorias de la variedad Purple Haze. La piel es de color púrpura oscuro y el corazón, naranja. Son mis favoritas para comerlas crudas. Si puedes conseguir zanahorias púrpura, prueba a añadir una pieza a alguna de las recetas púrpura del final del libro, como añadido extra de vitamina A.

Para preparar las zanahorias para usarlas en batidos (o para cualquier otra receta), límpialas frotándolas bien para retirar toda la suciedad y corta la tapita superior y unos seis milímetros de la punta inferior. A lo mejor durante tu infancia pelaste unas cuantas, pero la verdad es que basta con lavarlas bien. Como en el caso de todos los tubérculos, sin embargo, asegúrate de comprarlas orgánicas para reducir tu exposición a los pesticidas.

Las zanahorias tienen un sabor fresco y dulce que combina bien con otras frutas. Queda especialmente bien con los cítricos, la manzana y el jengibre. La mayoría de las zanahorias de color tienen el corazón naranja, así que tenlo en cuenta cuando las añadas a tus batidos. Una zanahoria roja no teñirá tu batido de rojo intenso, como lo haría una remolacha.

Tu camino a través del arcoíris

Como ya te habrás dado cuenta en anteriores capítulos, los superalimentos tienen todos los colores del arcoíris. Para hacer más fácil aquella recomendación de «cómete un arcoíris cada día», he organizado las siguientes recetas en el orden de los colores del arcoíris. Empezaremos con batidos en bol de color blanco y suave, y seguiremos con el rosa, el rojo, el naranja, el amarillo, el verde, el azul y, para acabar, el púrpura.

A medida que prepares nuevas recetas, ve combinándolas. Si te has tomado un batido rojo para desayunar, toma uno verde como tentempié. Si ayer te comiste un batido en bol de color púrpura, prueba hoy uno amarillo. Esto te ayudará a asegurarte de que estás tomando una buena variedad de nutrientes para conseguir una óptima nutrición.

Normalmente las cantidades que indico como aderezo de la recetas son las que se ven en las fotos, pero no te preocupes por añadir la cantidad que tú prefieras. Si quieres un extra de proteínas, cubre tu receta con yogur y un puñado de frutos secos. ¿Quieres comerte un arcoíris con cada batido en bol? Escoge un aderezo de cada color para disfrutar de una variedad bien surtida. Si necesitas ideas para aderezos geniales, regresa al capítulo anterior, donde podrás consultar la lista de superalimentos para inspirarte.

Y ahora, sin más dilación, empecemos a batir.

Batido blanco con bayas

Puede parecer extraño, pero a algunas personas no les entusiasman los colores. A mí me cuesta un poco entenderlo porque me encanta el arcoíris. Pero si en tu vida hay una de esas personas, eso no tiene que ser un problema para que pueda disfrutar de los beneficios de un batido de superalimentos. Esta base de batido tiene un sabor cremoso de vainilla, que es la base perfecta para hacer brillar tu combinación favorita de frutos del bosque.

Ingredientes

Batido
- 1 plátano congelado
- ½ taza de leche de coco entera
- ½ taza de anacardos crudos
- ⅛ de cucharada sopera de extracto de vainilla

Aderezo
- ¼ de taza de arándanos
- ¼ de taza de frambuesas
- ½ taza de fresas cortadas por la mitad

Instrucciones

1. Mezcla todos los ingredientes del batido en la batidora hasta conseguir una textura suave y sin grumos.
2. Vierte en el bol y añade el aderezo.

Esta versátil mezcla puede aderezarse y quedar deliciosa con cualquier combinación de fruta de temporada.

Piña colada

Sammi Ricke, de *Grounded and Surrounded* (groundedandsurrounded.com)

Este batido en bol tropical te transportará a las playas del Caribe. La crema de coco le aporta una textura suave, mientras que gracias al yogur griego, cargado de proteínas, te sentirás saciado durante horas.

Ingredientes

Batido

1. ¼ de taza de crema de coco (raspada de la superficie de una lata de leche de coco entera puesta a enfriar)
2. 2 cucharadas soperas de leche de coco entera (tomada del fondo de la lata fría)
3. 1 taza de piña congelada en trozos
4. ½ taza de yogur griego natural
5. 1 cucharada sopera de extracto de vainilla

Aderezo

- 1 cucharada sopera de semillas de cáñamo
- 2 cucharadas soperas de coco rallado
- 10 cerezas frescas deshuesadas
- ¼ de taza de piña troceada
- ¼ de taza de kiwi en dados

Instrucciones

1. Mezcla los ingredientes del batido en la batidora hasta conseguir una textura suave y sin grumos.
2. Vierte el batido en una piña natural partida y vacía o en un bol, y añade el aderezo.

Enfría la lata de leche de coco entera durante al menos 6 horas antes de preparar tu batido para asegurarte de que la crema de coco se solidifica en la superficie. Ráspala suavemente hasta llenar ¼ de taza y vierte dos cucharadas soperas de la leche de coco líquida, que hay que tomar del fondo de la lata. Guarda leche de coco sobrante para preparar otros batidos.

Pastel de manzana

El verano pasado, en Oregón tuvimos un calor inusual para la temporada. Tras llegar a mi casa con manzanas de casa de mis padres, mi hijo mayor preguntó si podríamos hacer un pastel. Con casi treinta y ocho grados de temperatura en la calle, renuncié. Sin embargo, le pregunté a mi hijo qué le parecería un batido de tarta de manzana, y fue un acierto. Este batido en bol es ideal para cualquier época del año, no solo para cuando se dispara el termómetro.

Ingredientes

Batido

- 2 manzanas pequeñas, peladas y sin corazón
- ½ taza de yogur sin desnatar
- 1 cucharada sopera de sirope de agave
- 1 cucharada sopera de especias* para pastel de manzana
- 2 plátanos congelados

Aderezo

- 1 rodaja grande de manzana
- 1 cucharada sopera de manzana en dados
- 1 cucharada sopera de granola
- 1 cucharada sopera de yogur para rociar
- 1 pizca de canela

Instrucciones

1. Mezcla los ingredientes en la batidora hasta conseguir una textura suave y sin grumos.
2. Vierte el batido en un bol y añade el aderezo.

Para preparar plátanos congelados fáciles de usar, siempre los corto en seis trozos antes de congelarlos. Así me resulta más fácil medir la cantidad que utilizo y es más fácil batirlos que si usas un plátano entero.

---

* En España no es fácil encontrar este tipo de especia, aunque se pueden conseguir por Internet. Una preparación casera se lograría con los siguientes ingredientes: ½ cucharada sopera de canela en polvo + ¼ de nuez moscada molida + ¼ de cucharada sopera de cardamomo.

Piña colada con frutas

La piña colada es un sabor clásico que además funciona de maravilla como base para otras combinaciones con fruta. Los melocotones y las fresas son dos de mis sabores favoritos para añadir a la piña colada clásica. Con un poco de kombucha con sabor a lima matizas la dulzura de la mezcla y le das un toque probiótico.

Ingredientes

Batido
- ½ taza de piña congelada en trozos
- ½ taza de melocotón congelado en trozos
- ½ taza de fresas congeladas
- ½ taza de leche de coco o de otra leche vegetal
- ½ taza de kombucha con sabor a lima

Aderezos
- ¼ de taza de moras frescas
- 1 cucharada sopera de trozos de coco desecado
- 1 gajo de lima

Instrucciones

1. Mezcla los ingredientes del batido en la batidora hasta conseguir una textura suave y sin grumos.
2. Vierte el batido en un bol y añade el aderezo.

¿No es temporada de moras? Deja bayas congeladas sobre la encimera para descongelarlas parcialmente mientras preparas el resto del batido y úsalas para sustituir a las moras.

Fantasía de sandía

¿No te encanta la sandía? Creo que nunca he conocido a nadie a quien no le gustara. Combinar sandía helada con sandía fresca (y solo un poco de kombucha) la convierte en una delicia aún más apetitosa, parecida a la granita (esa bebida siciliana con textura de sorbete suave), pero en este caso, sin azúcar ni colorantes añadidos.

Ingredientes

Batido
- 2 tazas y ½ de sandía congelada en trozos
- 1 taza de sandía fresca en trozos
- ½ taza de kombucha con sabor a fresa

Aderezo
- 1 ramito de menta fresca
- 2 moras

Instrucciones

1. Mezcla los ingredientes del batido en la batidora hasta conseguir una textura suave y sin grumos.
2. Vierte el batido en un bol y añade el aderezo.

Para evitar que los trozos de sandía se peguen al congelarse, formando un amasijo, sécalos antes de colocarlos sobre una lámina de papel para hornear galletas. Una vez congelados, guárdalos en una bolsa grande con autocierre.

Bayas con plátano

Fresas y plátanos forman una pareja tan inseparable como la mantequilla y la mermelada. Pero las fresas no son la única fruta que hace buena pareja con los plátanos. En esta receta los mezclamos con fresas, cerezas y arándanos para crear un batido dulce y delicioso.

Ingredientes

Batido

- 1 plátano
- ½ taza de cerezas congeladas
- ½ taza de fresas congeladas
- ½ taza de arándanos congelados
- ¾ de taza de leche de coco o cualquier otra leche vegetal
- 1 cucharada sopera de semillas de lino

Aderezo

- ¼ de taza de bayas variadas
- 1 cucharada sopera de granola

Instrucciones

1. Mezcla los ingredientes del batido en la batidora hasta conseguir una textura suave y sin grumos.
2. Vierte el batido en un bol y añade el aderezo.

Delihelado dragón tropical

Los sabores tropicales son mi elección favorita para acompañar la fruta del dragón. Puedes escoger entre las dos variedades de pitaya, la rosa y la blanca, pero para esta receta yo prefiero la versión rosa porque me encanta el color.

Ingredientes

Batido
- 1 taza de fruta del dragón congelada en trozos
- 1 taza de piña congelada en trozos
- 1 cucharada sopera de sirope de agave
- ¾ de taza de kombucha con sabor a fresa
- 1 plátano congelado
- ½ taza de mango congelado en trozos

Aderezo
- 1 fresa grande
- Flores comestibles

Instrucciones

1. Mezcla los ingredientes en un robot de cocina y bátelos hasta conseguir una textura suave, parando cuando haga falta para rebañar los lados.
2. Vierte el batido en un bol o en medio coco y cúbrelo con una fresa grande y flores comestibles al gusto.

Para saber cómo abrir un coco por la mitad para crear originales boles, visita mi canal de YouTube, *Creative Green Living*.

Bayas del dragón

Tanto la pitaya rosa como la blanca tienen un sabor híbrido entre pera y kiwi que combina bien con otras frutas tropicales. La variedad de pulpa rosa también se encuentra fácilmente en la sección de frutas congeladas del supermercado y le da un color rosa brillante precioso a este batido.

Ingredientes

Batido
- ½ taza de fruta del dragón congelada en trozos
- ½ taza de melocotón congelado en trozos
- ½ taza de fresas congeladas
- ½ taza de mango congelado en trozos
- 1 taza de agua de coco

Aderezo
- 2 cucharadas soperas de coco rallado
- Opcional: servir con una taza de moras frescas al lado

Instrucciones

1. Mezcla los ingredientes del batido en la batidora hasta conseguir una textura suave y sin grumos.
2. Vierte el batido en un bol y cubre con coco. Sírvelo con una taza de moras frescas al lado (opcional).

Compra fruta del dragón (pitaya) en la sección de congelados de tu tienda o compra la fruta fresca y vacía la pulpa, córtala en trozos y congélalos. Si usas la variedad rosa, cuidado porque lo tiñe todo.

Té y bayas

Mientras estudiaba en la universidad trabajé en una cafetería. Mi bebida favorita del menú era un combinado de té y bayas. Este bol se inspira en aquella bebida, pero con la intención de hacerla más sana, por eso le he suprimido el azúcar y los ingredientes son naturales. Para preparar la versión *pecaminosa* de esta bebida, puedes añadir un poco de nata a la batidora.

Ingredientes

Batido
- 2 tazas de fresas congeladas
- ½ taza de arilos de granada, frescos o congelados
- 1 taza de leche de coco entera
- ½ taza de infusión de té verde (dejar enfriar)

Aderezo
- ¼ de taza de arándanos
- 2 cucharadas soperas de coco rallado

Instrucciones

1. Mezcla los ingredientes del batido en la batidora hasta conseguir una textura suave y sin grumos.
2. Vierte el batido en un bol y añade el aderezo.

Para darle un toque probiótico a esta receta, prueba a sustituir el té verde por la kombucha.

Un poco de rosa, por favor

Es fácil acabar aburriéndote de la comida. Después de un bombardeo de experimentos con batidos verdes, mi hijo me pidió si podría preparar «algo rosa, por favor». Siempre tenemos el congelador lleno de un buen surtido de fruta congelada, así que estuve más que feliz de complacer a mi hijo con esta maravilla de fresas y cerezas, con un acabado de cereza encima.

Ingredientes

Batido
- 1½ taza de fresas heladas
- ½ taza de cerezas maduras congeladas
- ½ taza de piña congelada
- 1¼ taza de agua de coco

Aderezo
- 1 plátano pequeño cortado en rodajas
- ⅓ de taza de arándanos
- 1 cereza fresca con el tallo

Instrucciones

1. Mezcla los ingredientes del batido en la batidora hasta conseguir una textura suave y sin grumos.
2. Vierte el batido en un bol y añade el aderezo.

Lluvia de melocotones

Si alguna vez has pensado en mudarte al campo para comer un montón de melocotones, esta receta es para ti. Pero no compres melocotones de lata, mejor úsalos congelados para el batido, y para el aderezo, melocotones en rodajas. Una golosina natural.

Ingredientes

Batido

- 1 plátano
- 1 cucharada sopera de semillas de lino
- 2 cucharadas soperas de semillas de calabaza crudas
- 1 taza de melocotón congelado en trozos
- ½ taza de frambuesas congeladas
- ¾ de taza de leche de coco u otra leche vegetal

Aderezo

- ½ melocotón en rodajas
- 1 cucharada sopera de semillas de chía

Instrucciones

1. Mezcla los ingredientes del batido en la batidora hasta conseguir una textura suave y sin grumos.
2. Vierte el batido en un bol y añade el aderezo. Sírvelo con cerezas frescas de guarnición (opcional).

Mantén frescas las semillas de lino guardándolas en una bolsa sellada en la nevera.

(V) (Sg) (Sl)

Melocotón con granada

Cuando el verano aprieta, la fruta fresca es la reina. Abundan los melocotones frescos y las bayas, perfectos además para los batidos en bol. Guarda en el congelador algunas de las deliciosas frutas que hayas seleccionado (y no olvides pelar y cortar los melocotones primero) para preparar batidos. No olvides dejar alguna fruta sin congelar para los aderezos.

Ingredientes

Batido
- 1 taza de melocotón congelado en trozos
- ¼ de taza de granada fresca o congelada
- ¼ de taza de arándanos congelados
- ¾ de taza de leche de coco o de otra leche vegetal

Aderezo
- ½ plátano cortado en rodajas
- ¼ de taza de arándanos
- ¼ de taza de granola

Instrucciones

1. Mezcla los ingredientes del batido en la batidora hasta conseguir una textura suave y sin grumos.
2. Vierte el batido en un bol y añade el aderezo.

Si no es la estación de las granadas, compra arilos congelados.

Cremoso de cerezas estimulante

¿Te encanta el sabor de las cerezas con nata fresca o yogur? A mí me chifla. Este bol en batido combina el sabor de las fresas y las cerezas con la leche de coco y el yogur cremoso. Sírvelo en un tarro de cristal con rodajas de plátano a la vista para darle un toque divertido.

Ingredientes

Batido
- 1 taza de fresas congeladas
- 1 taza de cerezas dulces congeladas
- 1 cucharada sopera de alguna variedad de miel local
- ½ taza de yogur natural de leche entera
- 1 cucharada sopera de semillas de lino
- ½ taza de leche de coco o de otra leche vegetal

Aderezo
- ½ plátano cortado en rodajas a lo largo
- ¼ de taza de arándanos frescos
- ¼ de taza de fresas frescas cortadas por la mitad
- 1 cucharada sopera de coco en polvo
- 1 cucharada sopera de yogur natural de leche entera
- Unas gotas de miel

Instrucciones

1. Mezcla los ingredientes del batido en la batidora hasta conseguir una textura suave y sin grumos.
2. Aplasta ligeramente las rodajas de plátano contra las paredes del tarro antes de llenarlo con el batido. Añade el resto de aderezos.

Tarta de cerezas

Abbey Sharp, RD, de *Abbey's Kitchen* (abbeyskitchen.com)

Este batido en bol sin gluten ni lácteos tiene los sabores de tu postre favorito de verano, pero sin sus pecados. Las cerezas dulces y maduras se trituran con avena y especias para hornear, para preparar una saludable tarta de cereza en un bol.

Ingredientes

Batido

- 2 cucharadas soperas de copos de avena
- 1 cucharada sopera de semillas de lino
- ½ plátano congelado
- 1½ tazas de cerezas
- ¼ de taza de leche de almendras sin endulzar, o cualquier otra leche vegetal
- ¼ de taza de yogur de coco
- 2 dátiles deshuesados
- 1 pellizco de nuez moscada
- ¼ de cucharada sopera de canela
- ¼ de cucharada sopera de extracto de vainilla

Aderezo

- ¼ de taza de nuez pecana
- ½ cucharada sopera de semillas de cáñamo
- 2 cucharadas soperas de granola
- 3 cerezas frescas deshuesadas, cortadas por la mitad
- ½ cucharada sopera de cacao en grano
- 1 plátano pequeño en rodajas

Instrucciones

1. Mezcla los ingredientes del batido en la batidora hasta conseguir una textura suave y sin grumos.
2. Vierte el batido en un bol y añade el aderezo.

Si toleras los lácteos, puedes usar yogur griego y leche de origen animal.
Si eres sensible al gluten, asegúrate de utilizar copos de avena y granola sin trazas de esta sustancia.

Batido de Heidi

Mis hijos suelen ser los catalizadores y la inspiración para mis incontables recetas de batidos. Pero este está dedicado a Heidi, mi querida sobrina amante de la comida sana. Una vez, de pequeña, rechazó un trozo de tarta del quincuagésimo cumpleaños de mi madre y… ¡preguntó si a cambio podía comer más verdura! ¡Te apoyo totalmente, Heidi querida! Que tu amor por las comidas preparadas con vegetales crezca cada año.

Ingredientes

Batido

3 cucharadas soperas de copos de avena

1 cucharada sopera de semillas de chía

1 cucharada sopera de semillas de lino

1 taza de agua de coco

1 cucharada sopera de miel de alguna variedad local

¾ de taza de arándanos congelados

¾ de taza de fresas congeladas

½ taza de melocotón congelado en trozos

Aderezo

2 clementinas, naranjas o mandarinas frescas, peladas y en gajos

½ taza de arándanos congelados

1 cucharada sopera de semillas de chía

Instrucciones

1. Mezcla los ingredientes del batido en la batidora hasta conseguir una textura suave y sin grumos.
2. Vierte el batido en un bol y añade el aderezo.

Si no tienes una batidora de alta potencia, empieza por batir la avena, la chía, las semillas de lino y el agua de coco, antes de añadir el resto de ingredientes.

Refresco de coco y frambuesa

Landen McBride, de *Measure and Whisk* (measureandwhisk.com)

Las frambuesas tienden a ser un poco ácidas si no están en su punto de madurez. Añadiendo cerezas dulces equilibramos la acidez y le damos un sabor suave y elaborado. Un verdadero «desayuno de campeones».

Ingredientes

Batido

- 1 lata de leche de coco entera
- 2 tazas de frambuesas congeladas
- 1 taza de cerezas dulces congeladas
- 1 cucharada sopera de ralladura de corteza de lima fresca
- ¼ de taza de agua fría
- 1 cucharada sopera de alguna variedad de miel local (opcional)

Aderezo

- ¼ de taza de granola
- 2 cucharadas soperas de semillas de calabaza tostadas
- 2 cucharadas soperas de mijo crudo
- ½ kiwi en rodajas

Instrucciones

1. Mezcla los ingredientes del batido en la batidora hasta conseguir una textura suave y sin grumos.
2. Vierte el batido en un bol y añade el aderezo.

Energía de acai

Sara Welch de *Dinner at the Zoo* (dinneratthezoo.com)

Este batido espeso y cremoso se prepara con fruta, puré de bayas de acai y yogur griego, y se completa con un variado y colorido aderezo. El puré de bayas de acai puedes encontrarlo en el área de congelados, generalmente en la sección de frutas o zumos helados.

Ingredientes

Batido
- 1 taza de leche de almendras
- 1 plátano grande
- 1 ½ taza de bayas variadas congeladas
- ½ taza de yogur griego natural
- 1 cucharada sopera de alguna variedad de miel local
- 1 paquete de puré de acai congelado (100 g), en trozos

Aderezo
- ½ taza de bayas frescas como frambuesas, arándanos y fresas
- 1 cucharada sopera de semillas de chía
- 2 cucharadas soperas de coco rallado
- 2 cucharadas soperas de almendras cortadas en láminas
- 1 ramita de menta (opcional)

Instrucciones

1. Mezcla los ingredientes del batido en la batidora hasta conseguir una textura suave y sin grumos.
2. Vierte el batido en un bol y añade el aderezo.

Si no encuentras puré de bayas de acai, inténtalo con el polvo de acai seco. Para usar polvo en lugar de puré, usa una cucharada de polvo más media taza adicional de bayas congeladas.

Pitaya rosa

Caroline Ginolfi, de *Plant Based Blonde* (plantbasedblonde.com)

Este bol es dulce, cremoso y ¡bonito! Ese rosa vibrante no pasa nunca de moda.

Ingredientes

Batido

- 2 plátanos
- 1 taza de fresas congeladas
- ½ taza de fruta del dragón (pitaya), más o menos la mitad de una pieza de fruta fresca
- ¼ de taza de leche de coco entera

Aderezo

- ¼ de taza de fresas picadas
- ¼ de taza de arándanos
- 6 moras
- ¼ de taza de mango picado
- 1 cucharada sopera de coco rallado

Instrucciones

1. Mezcla los ingredientes del batido en la batidora hasta conseguir una textura suave y sin grumos.
2. Vierte el batido en un bol y añade el aderezo.

La pitaya fresca suele ser difícil de encontrar durante todo el año, yo suelo comprar algo más en la temporada de verano, bato la parte central, y la congelo en tarros. Para conseguir un *delihelado* de textura más espesa, utiliza plátanos y pitaya congelados en lugar de frescos.

Cóctel de kombucha

Katherine Mae Stanley, de *Nourishing Simplicity* (nourishingsimplicity.org)

Este batido rebosa potenciadores saludables invisibles, como la gelatina y la remolacha. Te costará detectarlos después de haberlos mezclado con el sabor cremoso del coco, el dulce del mango y el ácido de las cerezas. La kombucha de cereza se utiliza en lugar de agua para darle un extra de cereza y de probióticos libres de lactosa. Si prefieres no usar kombucha, el agua de coco es un estupendo sustituto.

Ingredientes

Batido

- 2 cucharadas soperas de gelatina sin sabor (colágeno hidrolizado)
- 2 cucharadas soperas de remolacha en polvo
- ½ taza de kombucha con sabor de cereza
- ¼ de taza de leche de coco entera
- 1 taza de cerezas ácidas congeladas
- ¾ de taza de mango congelado en trozos

Aderezo

- 3 mangos frescos cortados en rodajas finas
- 1 cereza fresca
- 1 cucharada sopera de coco rallado

Instrucciones

1. Añade a la batidora la gelatina, el polvo de remolacha y los líquidos. Bate los ingredientes durante cinco segundos hasta mezclarlos.
2. Añade las cerezas y el mango, bátelos hasta conseguir una textura suave y sin grumos.
3. Vierte el batido en un bol y añade el aderezo.

La gelatina (colágeno hidrolizado) es una forma de añadir proteínas y nutrientes esenciales a un batido sin añadirle sabor. Favorece la salud del sistema inmunitario del organismo, del tracto digestivo, del cabello, de la piel y de las uñas. A diferencia de otros tipos de gelatinas, el colágeno hidrolizado se disuelve en el líquido frío.

Besos rosas

Sara Jansson, en Instagram como @SwimYogaRun

Para mí comida sana es aquella que te hace feliz porque es apetecible a la vista, sabrosa y además es buena para tu organismo. Este batido combina estas tres características: sus colores vivos ya te ponen de buen humor, su sabor es celestial y contiene dos superalimentos, la remolacha y el jengibre, que son estupendos para tu salud.

Ingredientes

Batido
- 1 taza de leche de almendras
- 1 plátano congelado
- 1 taza de frambuesas congeladas
- ½ remolacha cruda pelada
- 2,5 cm de jengibre fresco pelado

Aderezo
- 3 moras
- ¼ de taza de quinoa inflada
- 2 piezas de caquis
- 2 rodajas de remolacha amarilla
- Flores comestibles secas, al gusto

Instrucciones

1. Mezcla los ingredientes del batido en la batidora hasta conseguir una textura suave y sin grumos.
2. Vierte el batido en un bol y añade el aderezo.

Puedes usar cortadores pequeños de galletas para dar forma de estrella (u otras formas) a los caquis de la fotografía. Hace que tu bol luzca aún más bonito y te arrancará una sonrisa.

Sueño de un verano encantado

Maja Redlin, de Instagram como @majardln

Este batido en bol tiene el poder de transformar un día normal en uno mágico. Da igual si lo tomas en verano o lo pruebas en invierno, esta combinación te animará el cuerpo y al alma dando a tu día el arranque perfecto. Está cargado de nutrientes importantes y es una gran fuente de energía para convertir tu mañana en un sueño de verano.

Ingredientes

Batido
- 1 plátano
- 1 manzana pelada y sin corazón
- ¾ de taza de fresas congeladas
- ½ taza de frambuesas congeladas
- ½ taza de arándanos congelados
- 1 dátil deshuesado
- 1 cucharada sopera de semillas de chía
- 1 cucharada sopera de sirope de agave
- 1 cucharada sopera de aceite de semillas de lino

Aderezo
- 1 cucharada sopera de coco rallado
- 1 cucharada sopera de arándanos secos endulzados
- 2 cucharadas soperas de arándanos azules
- 1 fresa cortada en láminas
- ¼ de taza de frutos secos variados

Instrucciones

1. Mezcla los ingredientes del batido en la batidora hasta conseguir una textura suave y sin grumos.
2. Vierte el batido en un bol y añade el aderezo.

Capricho de higos

Los higos frescos son una delicia estacional que tal vez aún no conozcas. Si te da un poco de miedo probar cosas nuevas, te aseguro que en este caso no hay por qué sentirse intimidado. El humilde higo es un ingrediente para batidos genial, tanto para la base como de aderezo. Quítale el tallo y corta la fruta, o añádelo a la batidora (también son buenísimos para comerlos frescos).

Ingredientes

Batido
- ½ plátano
- ¾ de taza de melocotón helado en trozos
- ½ taza de frambuesas congeladas
- 1 cucharada sopera de semillas de calabaza crudas
- 2 higos frescos sin tallos
- 1 taza de leche de coco o cualquier otra leche vegetal

Aderezo
- 1 higo cortado en gajos
- ¼ de taza de granola

Instrucciones

1. Mezcla los ingredientes del batido en la batidora hasta conseguir una textura suave y sin grumos.
2. Vierte el batido en un bol y añade los hijos en gajos y la granola.

Busca los higos frescos al final de verano o al principio del otoño. En algunas tiendas especiales los venden congelados durante todo el año.

Éxtasis de aguacate y bayas

Sarah Romero y Elizabeth Menlove, de *Kiwi and Carrot* (kiwiandcarrot.com)

Este batido dulce combina las bayas congeladas, la leche de almendra y el aguacate para crear una delicia cremosa congelada. Para conseguir un efecto extra-crujiente aderézalo con kiwi, bayas frescas, coco y semillas de superalimentos.

Ingredientes

Batido
- ½ taza de leche de almendras
- ½ plátano congelado
- 1 ½ taza de bayas variadas congeladas
- ¼ de aguacate maduro

Aderezo
- 1 kiwi
- ½ cucharada sopera de coco desecado
- 1 cucharada sopera de semillas de superalimentos variadas
- ¼ de taza de frambuesas

Instrucciones

1. Mezcla los ingredientes del batido en la batidora hasta conseguir una textura suave y sin grumos.
2. Vierte el batido en un bol y añade los aderezos.

Si el batido es demasiado espeso para tu batidora, añade más leche de almendras.

Latidos de remolacha

Emily Sunwell-Vidaurri, de *Recipes to Nourish* (recipestonourish.com)

Abundantemente pigmentado, con un precioso rosa intenso y tonalidades pur-púreas, este batido de remolacha y bayas es dulce en su justa medida y tiene un intenso regusto terroso. Por si fuera poco, la remolacha ayuda a la salud del corazón, a la digestión y al bienestar general.

Ingredientes

Batido
- 1 remolacha mediana
- 1 taza de fresas congeladas
- ¼ de taza de arándanos congelados
- 1 plátano congelado
- ½ taza de yogur natural entero
- ¼ de taza de leche o de leche de coco
- 2 cucharadas soperas de miel cruda
- 1 cucharada sopera de extracto de vainilla

Aderezo
- 1 higo fresco cortado por la mitad
- 2 fresas cortadas en rodajas
- 5 arándanos laminados
- 2 moras
- 1 trozo de jengibre cristalizado de 2,5 cm cortado en dados
- ½ cucharada sopera de semillas de chía blancas

Instrucciones

1. Pela la remolacha, córtala en dados de 2,5 cm y cuécela al vapor o en agua hasta que puedas clavarle un cuchillo. Extiende los dados sobre una lámina de papel de hornear. Congélalos durante al menos 1 hora.
2. Mezcla la remolacha con el resto de ingredientes del batido en la jarra mezcladora de la batidora, hasta conseguir una textura suave y sin grumos.
3. Viértelo en un bol y añádele los aderezos.

Cocina la remolacha y congélala al menos un día antes de preparar el batido para acortar el tiempo de preparación.

Explosión de cerezas

Este bol se inspira en mi receta de helados favorita. Aunque incluye un ingrediente sorprendente, el calabacín, en realidad sabe a cerezas y lima. No notarás los calabacines en absoluto, pero disfrutarás de todos sus beneficios nutricionales.

Ingredientes

Batido
- 1 calabacín pequeño, picado en trozos grandes
- 1 lima fresca exprimida (unas 3 cucharadas soperas)
- 1 cucharada sopera de alguna variedad local de miel
- 2 tazas de cerezas dulces congeladas

Aderezo
- 1 taza de cerezas frescas

Instrucciones

1. Mezcla el calabacín, el zumo de lima y la miel en la batidora y bátelos hasta conseguir una textura suave y sin grumos.
2. Añade las cerezas y bate hasta que quede todo bien mezclado.
3. Viértelo en un bol y aderézalo con cerezas frescas.

Puedes ver la versión en helado de esta receta en mi web, creativegreenliving.com

Noche de bayas

Las frutas oscuras como las bayas de acai, las moras y los arándanos azules tienen un alto contenido en antocianinas, un tipo de fitonutriente del que los estudios dicen que es particularmente eficaz en ayudar a tu cuerpo a luchar contra el cáncer. Y ¿he dicho que además son deliciosos?

Ingredientes

Batido
- 1 plátano pequeño
- ½ taza de frambuesas congeladas
- ½ taza de fresas congeladas
- ½ taza de moras congeladas
- 1 paquete de acai congelado (unos 100 g)
- ¾ de taza de agua de coco

Aderezo
- ⅓ de taza de trozos de coco desecado
- ¼ de taza de granada fresca o congelada
- ¼ de taza de anacardos crudos
- 3 fresas frescas cortadas por la mitad

Instrucciones

1. Mezcla los ingredientes del batido en la batidora hasta conseguir una textura suave y sin grumos.
2. Vierte el batido en un bol y añade en la superficie los aderezos dispuestos en filas.

Para soltar los arilos de la granada fresca no hay que ponerlo todo perdido ni frustrarse. Visita mi canal de YouTube, *Creative Green Living*, para descubrir mi truco secreto para desgranar rápidamente este fruto.

Delihelado de limonada y frambuesa

La limonada helada es una de mis delicias de verano favoritas. El problema es que la limonada helada si no es natural suele ir cargada de jarabe de maíz (rico en fructosa), generalmente maíz transgénico, con una cantidad alta de azúcar procesado que no es lo más nutritivo que puedes dar a tu cuerpo. Mi limonada con frambuesa puede prepararse todo el año y puedes ajustar la cantidad de sirope de agave que añades, y regular así su grado de dulzor y acidez.

Ingredientes

Batido

- 3 tazas de frambuesas congeladas
- 1 limón sin corteza
- 1 taza de agua de coco
- 2 cuchadas soperas de sirope de agave

Aderezo

- Flores comestibles frescas, por ejemplo violetas (en la imagen)

Instrucciones

1. Mezcla los ingredientes del batido en la batidora hasta conseguir una textura suave y sin grumos.
2. Vierte el batido en un bol y añade en la superficie los aderezos dispuestos en filas.

Para darle un extra probiótico, prueba la misma receta con una taza de kombucha con sabor a limón en lugar de agua de coco.

Verano de Oregón

Recolectar fruta es uno de los pasatiempos favoritos en la zona del noroeste del Pacífico. Mientras que las moras crecen silvestres en casi cualquier zanja o terreno sin cultivar, los arándanos y los melocotones están disponibles en las granjas de la zona. Este bol combina todas las frutas de verano del noroeste en un sabroso bol.

Ingredientes

Batido
- 1 plátano mediano
- ½ taza de moras congeladas
- 1 taza de arándanos congelados
- ½ taza de melocotones congelados
- ¾ de taza de agua de coco

Aderezo
- ¼ de taza de trozos de coco seco
- ¼ de taza de frambuesas
- ¼ de taza de anacardos crudos
- 4 hojas de menta fresca
- 5 flores de violeta frescas

Instrucciones

1. Mezcla los ingredientes del batido en la batidora hasta conseguir una textura suave y sin grumos.
2. Vierte el batido en un bol y añade los aderezos.

Para una experiencia auténtica de noroeste del Pacífico, sustituye los anacardos del aderezo por avellanas picadas.

Delihelado de sandía

Este *delihelado* es una de las recetas favoritas de mi familia. La sandía no se puede conseguir todo el año, así que durante el verano compro más de la que necesito para cortarla en trozos y congelarla para usarla en recetas como esta.

Ingredientes

Batido

2 tazas de sandía congelada en trozos
1 taza de frambuesas congeladas
3 cucharadas soperas de zumo de acai

Aderezo

1 cucharada sopera de coco

Instrucciones

1. Mezcla los ingredientes del batido en la batidora hasta conseguir una textura suave y sin grumos.
2. Vierte el batido en un bol y añade el aderezo.

Cuando prepares la sandía para congelar, asegúrate de que los trozos no se peguen al congelarse y formen un gran bloque.

Delicia de bayas y remolacha

Anya Dzhangetov, de *Prepare & Nourish* (prepareandnourish.com)

Endulzado con los azúcares naturales del dátil Medjool, este batido tiene sutiles notas del sabor terroso de la remolacha, y un alto contenido en antioxidantes. Una mezcla de bayas de temporada le da sus especiales características, a la vez que la grasa de la leche de coco ayuda a asimilar las remolachas y las bayas.

Ingredientes

Batido
- 1 taza de fresas o de frambuesas congeladas
- 1 taza de moras o de arándanos congelados
- 2 remolachas pequeñas cocidas
- 1-3 dátiles Medjool, deshuesados (opcional para endulzar)
- 1 taza de leche de coco entera

Aderezo
- 1 cucharada sopera de polen
- 1 cucharada sopera de virutas de coco
- ¼ de taza de frambuesas frescas

Instrucciones

1. Mezcla los ingredientes del batido en la batidora hasta conseguir una textura suave y sin grumos.
2. Vierte el batido en un bol y añade el aderezo.

¿No tienes dátiles a mano? Prueba a sustituirlos con plátano.

Delihelado de melocotón

Este *delihelado* tiene la maravillosa textura aterciopelada de un sorbete, pero no hace falta ninguna heladera para preparar esta sabrosa delicia. Todo lo que necesitas es melocotón fresco y algunas fresas heladas, suficiente para preparar un postre sano perfecto para cualquier época del año.

Ingredientes

Batido
- ½ melocotón fresco en rodajas y deshuesado
- 2 tazas de fresas congeladas

Aderezo
- ½ melocotón fresco picado

Instrucciones

1. Mezcla los ingredientes del batido en un robot de cocina y pulsa hasta que quede una textura suave, parando de vez en cuando para rebañar los lados. Si hace falta, añade más melocotón fresco para facilitar el proceso.
2. Vierte el batido en un bol y añade los trozos de melocotón picado.

Esta receta queda mejor con un melocotón en su punto de madurez, que con uno que esté verde.

Frederikke Wærens, en Instagram como @FrederikkeWaerens

Este batido en bol tiene un sabor afrutado, fresco y dulce. Es perfecto para el desayuno o como merienda, pero también sirve como postre sano, ya que su textura se parece a la de un helado suave.

Ingredientes

Batido
- 1 plátano helado
- 1 taza de frambuesas congeladas
- ½ taza de fresas congeladas
- ½ taza de leche de almendras o cualquier otra leche vegetal
- 1 cucharada sopera de acai en polvo
- 1 cucharada sopera de polvo o extracto de vainilla

Aderezos
- ½ taza de arándanos
- 3 fresas cortadas por la mitad
- 5 frambuesas
- 1 cucharada sopera de copos de coco
- 1 cucharada sopera de semillas de chía

Instrucciones

1. Mezcla los ingredientes del batido en la batidora hasta conseguir una textura suave y sin grumos.
2. Vierte el batido en un bol y añade el aderezo.

Aunque este batido lleva una zanahoria entera, los sabores dominantes son la naranja y la piña. Una de mis amigas, con quien estuve experimentando en busca de sabores de color naranja para helados suaves, probó esta receta y dijo que era como comer un helado cremoso. Si te cuesta que tus niños (o tu marido) coman vegetales, este puede ser un truco genial para colárselos en un «postre» sano.

Ingredientes

Batido

1 zanahoria, sin tapa ni punta, picada en trozos grandes

1 taza de zumo de naranja natural

1 cucharada sopera de semillas de lino

1 ¼ taza de piña congelada en trozos

1 taza de melocotón congelado en trozos

Aderezo

2 fresas en rodajas

2 cucharadas soperas de trozos de coco desecado

Instrucciones

1. Mezcla los ingredientes del batido en la batidora hasta conseguir una textura suave y sin grumos.
2. Vierte el batido en un bol y añade el aderezo.

Si no tienes una batidora de alta potencia, bate la zanahoria, el zumo de naranja y las semillas de lino primero, antes de añadirles la fruta helada, para asegurarte de que la zanahoria se mezcla bien y no quedan trocitos.

Crepúsculo de verano

Karissa Martindale, de *Honeycomb Market* (honeycombmarket.com)

Este batido está lleno del sabor del verano. Los melocotones dulces son la estrella, pero cuando se combinan con el sabor a tierra del té verde y el toque fresco del jengibre, consigues una combinación ganadora. Disfruta del sabor del verano durante todo el año.

Ingredientes

Batido

- ¾ de taza de infusión de té verde frío
- ¼ de taza de frambuesas
- 1½ taza de melocotones congelados
- 1 cucharada sopera de semillas de cáñamo
- 2 cucharadas soperas de alguna variedad de miel local
- ¼ de cucharada sopera de jengibre recién rallado

Aderezo

- 2 cucharadas soperas de arándanos
- 1 cucharada sopera de coco tostado
- 3-5 moras
- 3-5 frambuesas
- ½ cucharada sopera de semillas de cáñamo

Instrucciones

1. Mezcla los ingredientes del batido en la batidora hasta conseguir una textura suave y sin grumos.
2. Vierte el batido en un bol y añade el aderezo.

Congela jengibre rallado en medidas de media cucharada sopera en una bandeja para hacer cubitos de hielo. Aumentará la vida de tu jengibre y te dará la cantidad perfecta para usarla tanto en tu próximo wok como para un batido en bol. Los cubitos pueden añadirse directamente a la batidora o al wok o sartén.

Delihelado tropical

Los *delihelados* sencillos son mis favoritos en un día caluroso o en cualquier ocasión en que me apetece un capricho helado. Te sorprenderá cuánto te gusta este brebaje a pesar de su bajo contenido en grasas y azúcar.

Ingredientes

Batido

1 ½ taza de fresas congeladas
1 ½ taza de mango congelado en trozos
½ taza de leche de coco o de cualquier
    otra leche vegetal

Aderezo

1 cucharada sopera de bayas de Goji

Instrucciones

1. Mezcla todos los ingredientes del batido en un robot de cocina y pulsa el botón hasta conseguir una textura suave, parando cuando haga falta para rebañar los lados.
2. Viértelo en un bol y añade las bayas de Goji.

131 DELICIOSOS *Smoothie Bowls*

Capricho de melocotón

Este cremoso batido en bol es perfecto para un día de calor. También es una forma ideal de probar la kombucha. Algunas marcas de kombucha pueden tener un sabor ácido, pero con el sabor de la limonada añadido al batido, consigues todos los beneficios probióticos sin los inconvenientes.

Ingredientes

Batido
- 1 taza de melocotones congelados
- ½ taza de mango congelado en trozos
- ½ taza de fresas congeladas
- 1 taza de kombucha con sabor a limonada
- ½ taza de agua fría

Aderezo
- ½ taza de frambuesas frescas
- 1 ramito de menta

Instrucciones

1. Mezcla los ingredientes del batido en la batidora hasta conseguir una textura suave y sin grumos.
2. Vierte el batido en un bol y añade el aderezo.

Si ya te gusta la kombucha, prueba esta receta con taza y media de kombucha en lugar de la mezcla de kombucha y agua fría.

Rayos de sol

Este batido en bol es la elección perfecta antes de ponerte con tu lista de proyectos para un fin de semana largo. El extra de fibra de las zanahorias y los anacardos mantendrá tu estómago saciado, mientras que los antioxidantes de la fruta y la zanahoria te mantendrán en marcha. El jengibre fresco le da un toque picante a un batido que sin él, sería dulce.

Ingredientes

Batido

- 2 zanahorias medianas, sin tapa ni punta, picadas en trozos grandes
- 1 taza de zumo de naranja
- 1,5 cm de jengibre fresco pelado y en daditos

Aderezo

- ¼ de taza de frambuesas frescas o congeladas
- 2 cucharadas soperas de bayas de Goji
- 2 cucharadas soperas de anacardos crudos
- 2 cucharadas soperas de arándanos frescos o congelados

Instrucciones

1. Mezcla los ingredientes del batido en la batidora hasta conseguir una textura suave y sin grumos.
2. Vierte el batido en un bol y añade el aderezo.

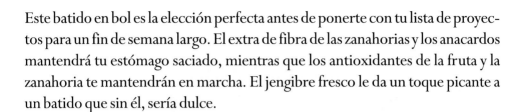

Para pelar el jengibre fresco sin cortarte, usa el lateral de una cuchara para rascar la piel exterior de textura apergaminada.

Me encanta combinar los cítricos con las zanahorias. ¿Sabes cómo mejorar incluso más ese dúo? Añade jengibre. Jengibre, cítricos y zanahorias. ¡Me encanta!

Ingredientes

Batido

- 2 zanahorias, sin tapa ni punta, picadas en trozos grandes
- 1 mandarina o clementina
- 1 trozo de jengibre de 2,5 cm
- 1 plátano pequeño
- ½ taza de kombucha con sabor a limón y jengibre
- 1 taza de melocotones congelados
- ¼ de taza de piña congelada

Aderezo

- 1 cucharada sopera de semillas de chía
- ¼ de taza de anacardos crudos

Instrucciones

1. Mezcla todos los ingredientes del batido, excepto los melocotones y la piña, en la jarra de la batidora y bátelos hasta conseguir una textura suave y sin grumos.
2. Añade los melocotones y la piña y bátelos hasta que estén bien mezclados.
3. Vierte el batido en un bol y añade el aderezo; si quieres puedes usar cortadores de galletas como molde.

Para crear formas divertidas con tus aderezos, coloca con cuidado un cortador de galletas encima de tu batido en bol y esparce el aderezo en una capa fina sobre el cortador, antes de retirarlo con cuidado. Para este batido, usé un molde de galletas grande en forma de corazón y otro pequeño al mismo tiempo.

Pastel de boniato

Larisha Campbell, de *We're Parents* (wereparentsblog.com)

¿Buscas el sabor del día de Acción de Gracias para cualquier época del año? Entonces este es el batido en bol que alimentará tu alma. El nostálgico sabor de los boniatos asados, la leche cremosa de anacardos y las especias para el pastel de calabaza pondrán tu boca a trabajar a toda velocidad.

Ingredientes

Batido

- ½ boniato cocido y frío, sin piel
- 1 zanahoria grande, sin punta ni tapa, picada en trozos grandes
- 1 plátano congelado
- ½ taza de yogur griego natural
- ½ taza de leche de anacardos
- 1 cucharada sopera de miel
- 1 cucharada sopera de linaza en polvo
- 1 cucharada sopera de especias para pastel de calabaza
- ¼ de cucharada sopera de extracto de vainilla
- 10 cubitos de hielo

Aderezo

- 1 cucharada sopera de semillas de chía
- 2 cucharadas soperas de anacardos sin sal picados
- 2 cucharadas soperas de coco rallado
- 1 cucharada sopera de arándanos
- Unas gotas de yogur griego natural para decoración

Instrucciones

1. Mezcla los ingredientes del batido en la batidora hasta conseguir una textura suave y sin grumos.
2. Vierte el batido en un bol y añade el aderezo.

Pastel de zanahoria

Sg

Preparar el perfecto pastel sin gluten es más difícil de lo que puede parecer, pero las versiones en batido de pasteles clásicos y de *muffins* son sorprendentemente fáciles de hacer. Además el batido lleva menos azúcar y es más nutritivo que un pastel de zanahorias, lo que lo convierte en un sustituto perfecto de tu postre favorito.

Ingredientes

Batido

- 2 zanahorias medianas sin tapa ni punta, picadas en trozos grandes
- 1 taza de yogur natural
- ½ taza de copos de avena
- 2 cucharadas soperas de sirope de agave
- 1 cucharada sopera de semillas de lino
- ¼ de cucharada sopera de especias para pastel de calabaza
- ¼ de plátano congelado

Aderezo

- 2 cucharadas soperas de coco rallado
- ¼ de taza de pasas variadas
- 2 cucharadas soperas de frutos secos picados

Instrucciones

1. Mezcla todos los ingredientes del batido excepto el plátano helado en la batidora y bátelo hasta que no queden grumos.
2. Añade el plátano helado y mezcla hasta que quede una textura suave.
3. Vacíalo en un bol y añade el aderezo.

¿Quieres más batidos inspirados en recetas al horno? Te encantarán estas: Pastel de manzana (página 67), Tarta de cerezas (página 89), Pastel de boniato (página 139) y *Muffin* de arándanos (página 189).

Energía de melocotón

Elizabeth Linderman, de *Bowl of Delicious* (bowlofdelicious.com)

Dulce, refrescante y cargado de proteínas gracias al yogur entero de leche y las semillas de chía, este batido en bol es la forma perfecta de recuperarse de un ejercicio intenso o de un día caluroso de verano (especialmente con las propiedades antiinflamatorias de las fresas), o de disfrutar un desayuno que te haga aguantar toda la mañana. Un truco para conseguir un batido superespeso y cremoso es poner a remojo las semillas de chía antes de batirlas.

Ingredientes

Batido

- ¼ de taza de agua de coco
- 2 cucharadas soperas de semillas de chía
- ½ melocotón o nectarina, en rodajas y sin hueso
- 5 fresas medianas
- ½ taza de yogur natural entero
- 1 cucharada sopera de miel (opcional)

Aderezo

- ½ melocotón o nectarina, en rodajas
- 1-2 fresas en rodajas
- 1 cucharada sopera de semillas de chía

Instrucciones

1. Mezclar el agua de coco y las semillas de chía. Dejar la mezcla durante al menos 10 minutos.
2. Añadir la mezcla de coco y chía al resto de ingredientes del batido en una jarra de batidora y batir hasta conseguir una textura suave y sin grumos.
3. Servir en un bol junto con los aderezos.

Para conseguir una textura más espesa, usa fruta congelada en lugar de fresca.

Paraíso de piña

Este dulce bol de piña te hará sentir como si llegaras a un refugio tropical. Los sabores intensos son un gran arranque energizante para un nuevo día.

Ingredientes

Batido
- 1 plátano
- ½ taza de zumo de naranja natural
- ½ taza de leche de coco o de cualquier otra leche vegetal
- 1½ taza de piña congelada
- 1½ taza de melocotón congelado en trozos

Aderezo
- 1 plátano en rodajas
- 3 fresas picadas
- 1 cucharada sopera de granola

Instrucciones

1. Mezcla los ingredientes del batido en la batidora hasta conseguir una textura suave y sin grumos.
2. Vierte el batido en un bol y añade el aderezo.

Batido de calabaza

Melissa Potvin, de *How to... This and That* (HowToThisAndThat.com)

Este bol está de muerte, te recordará al postre de Acción de Gracias de la tía Mary. Para conseguir los mejores resultados, usa la calabaza fría. Si no tienes tiempo de dejarla enfriar, prueba añadiendo plátano al batido para que se enfríe mientras lo bates.

Ingredientes

Batido

- ½ taza de calabaza triturada o en lata, fría
- ⅔ de taza de yogur griego natural
- ⅓ de taza de leche de almendras
- 1 cucharada sopera de jarabe de arce
- ½ cucharada sopera de canela en polvo
- ½ cucharada sopera de nuez moscada en polvo o de mezcla de especias

Aderezo

- ¼ de taza de pasas
- ¼ de taza de nueces picadas
- 2 cucharadas soperas de copos de avena
- 1 pizca de canela

Instrucciones

1. Mezcla los ingredientes del batido en la batidora hasta conseguir una textura suave y sin grumos.
2. Vierte el batido en un bol y añade el aderezo.

Espíritu de melocotón

Suchi Modi, de *Elegant Meraki* (elegantmeraki.com)

La cúrcuma es un superalimento con propiedades antiinflamatorias y energizantes. La raíz de jengibre tiene muchos beneficios para la salud, también. Combinados, el jengibre y la cúrcuma de esta receta ayudan a la digestión, a la recuperación muscular y reducen la inflamación y el azúcar en sangre.

Ingredientes

Batido

- 2 tazas de melocotón congelado en trozos
- 2 albaricoques sin hueso
- ½ taza de yogur griego natural
- 1 cucharada sopera de cúrcuma fresca, pelada y picada (o ½ cucharada sopera de cúrcuma en polvo)
- 1,5 cm de jengibre sin piel
- 10 anacardos crudos
- 2 cucharadas soperas de alguna variedad local de miel

Aderezos

- 5 moras
- 5 frambuesas
- 2 cucharadas soperas de pistachos en láminas
- 2 cucharadas soperas de coco seco

Instrucciones

1. Mezcla los ingredientes del batido en la batidora hasta conseguir una textura suave y sin grumos.
2. Vierte el batido en un bol y añade el aderezo.

La cúrcuma lo tiñe todo, desde tu cuchillo a tu tabla de cortar. Ponte guantes cuando toques esta raíz fresca para no mancharte las manos.

Perfecto de melocotón

A menudo se subestima el sabor del melocotón, pero es perfecto para los batidos en bol. Aunque la temporada del melocotón es corta, los melocotones para congelar se recogen en su punto de madurez y se congelan al momento, lo que ayuda a conservar ese sabor durante el resto del año.

Ingredientes

Batido
- 1 taza de melocotones congelados
- ½ taza de piña congelada
- 1 plátano mediano
- 1 taza de agua de coco

Aderezo
- ½ naranja picada
- ½ taza de melocotón troceado fresco o congelado

Instrucciones

1. Mezcla los ingredientes del batido en la batidora hasta conseguir una textura suave y sin grumos.
2. Vierte el batido en un bol y añade el aderezo.

El invierno en Oregón puede llegar a ser un poco deprimente. A decir verdad, a muchos de nosotros nos gusta el tiempo húmedo y nublado, pero de vez en cuando echas de menos el brillo del sol. Si el sol no está en la previsión meteorológica, este es el batido que tienes que preparar. Los colores y sabores vivos te harán sentir como si el sol brillara en medio de un día nublado.

Ingredientes

Batido
- 1 plátano
- ½ taza de zumo de naranja
- ⅔ de taza de yogur griego natural
- 1½ taza de mango congelado en trozos

Aderezo
- 1 fresa cortada en rodajas
- ⅓ de taza de moras
- 1 ramito de menta

Instrucciones

1. Mezcla los ingredientes del batido en la batidora hasta conseguir una textura suave y sin grumos.
2. Vierte el batido en un bol y añade el aderezo.

Estallido de melocotón

Michelle Marine, de *Simplify, Live, Love* (simplifylivelove.com)

Esta es la elección de verano perfecta. Los melocotones frescos y las bayas forman una combinación deliciosa y la adición de chía y de semillas de cáñamo añade un toque de superalimento que te va a encantar.

Ingredientes

Batido

- 2 tazas de melocotón congelado en trozos
- 1 plátano congelado
- ¼ de taza de yogur entero
- 1 cucharada de alguna variedad local de miel

Aderezo

- ½ taza de moras
- ¼ de taza de arándanos
- 2 cucharadas soperas de láminas de almendra
- 1 cucharada sopera de semillas de chía
- 1 cucharada sopera de semillas de cáñamo

Instrucciones

1. Mezcla los ingredientes del batido en la batidora hasta conseguir una textura suave y sin grumos.
2. Vierte el batido en un bol y añade el aderezo.

Delihelado de piña colada

Una de las mejores cosas que hice el verano pasado fue aprender a abrir y usar los cocos frescos y su pulpa. Después de algunas pruebas, este brebaje congelado se ha convertido en uno de mis favoritos para disfrutar la pulpa de coco. Como detalle divertido, el coco partido te sirve de bol.

Ingredientes

Batido
- 1 coco fresco
- 3 tazas de piña congelada en trozos
- 1 taza de kombucha con sabor a lima

Aderezo
- ¼ de taza de moras frescas

Instrucciones

1. Abre el coco fresco y retira la pulpa blanca de la cáscara de una de las mitades, insertando una cuchara o un cuchillo entre la cáscara y la membrana que rodea la pulpa, y saca los trozos (guarda la otra mitad para servir el batido).
2. Pon los trozos de coco fresco en un robot de cocina con la piña y la kombucha. Pulsa hasta que se mezclen.
3. Vierte el *delihelado* en la otra mitad del coco. Cubre con las moras y sírvelo.

Si es la primera vez que abres un coco, mira las instrucciones en la página 33 o visita mi canal de YouTube, *Creative Green Living*, para acceder a un tutorial paso a paso que te muestra cómo abrir un coco y quitar la pulpa.

Efecto piña

Jenni Ward, de *The Gingered Whisk* (thegingeredwhisk.com)

El sabor dulce de la piña tropical y el del coco combinan maravillosamente en este batido en bol que te pone en modo vacacional. Puede que sepa como un postre, pero cuando añades los aderezos más saludables, es una auténtica bomba nutricional. Y por cierto, puedes darle un punto distinto de sabor añadiéndole salsa de almendras tostadas con miel y chipotle (chile ahumado). Así consigues el equilibrio justo de dulce y picante.

Ingredientes

Batido
- 2 tazas de piña congelada en trozos
- 1 cucharada sopera de zumo de lima
- ½ taza de leche de coco entera

Aderezos
- ¼ de taza de piña fresca troceada
- 1 cucharada sopera de semillas de chía
- 1 cucharada sopera de almendras tostadas con miel y chipotle
- ¼ de taza de granola
- ¼ de taza de coco rallado sin endulzar
- 2 cucharadas soperas de semillas de calabaza tostadas sin sal
- Un buen chorro de miel

Instrucciones

1. Mezcla los ingredientes del batido en la batidora hasta conseguir una textura suave y sin grumos.
2. Vierte el batido en un bol y añade el aderezo.

Delicia ácida tropical

Tracy Ariza, de *Oh, the Things We'll Make!* (thethingswellmake.com)

Imagínate que estás en una playa tropical mientras disfrutas esta delicia sabrosa batida. Puede que no sea una aventura en una isla, pero la imagen iluminará tu día, y es más sano que una piña colada cargada de alcohol.

Ingredientes

Batido
- ½ mango sin semilla, troceado
- 1 taza de piña congelada
- 1 melocotón sin hueso, troceado
- ½ taza de leche de coco entera

Aderezos
- 1 cucharada sopera de semillas de lino
- 1 nuez del Brasil
- 1 kiwi cortado en cuartos y láminas
- 2 cucharadas soperas de frambuesas
- ¼ de taza de arándanos
- 1 cucharada sopera de semillas de cáñamo

Instrucciones

1. Prepara el aderezo de semillas de lino mezclándolas con la nuez de Brasil en la batidora hasta que las semillas se conviertan en polvo. Retíralas y resérvalas.
2. Mezcla los ingredientes del batido en el vaso de la batidora y bátelos hasta conseguir una textura suave y sin grumos. Añade más leche de coco según haga falta para ayudar a batir.
3. Vierte el batido en un bol y añade el aderezo.

Me gusta picar juntas más o menos una taza de semillas de lino con algunas nueces de Brasil y guardar la mezcla en el frigorífico para usarla como aderezo en mis batidos en bol o en el yogur. Generalmente preparo bastante para una semana o dos, ya que las semillas de lino en polvo se oxidan rápido, lo que puede hacer que los ácidos grasos que contienen se deterioren. Las nueces de Brasil añaden a la mezcla selenio y le aportan textura.

Delihelado de melón

¿Hay alguna fruta de la que te guste su sabor, pero no su textura? A mí me pasa con el melón chino. Como no me rindo con facilidad, decidí seguir experimentando con formas de comerlo y di con esta, que es quizás el brebaje con melón más increíble que he probado. Tienes todo su sabor, pero ni rastro de su textura cerosa, y los arándanos son el acompañamiento perfecto.

Ingredientes

Batido
- ½ melón fresco
- 1 cucharada de alguna variedad de miel local
- ¼–½ taza de leche de coco entera

Aderezo
- ¼ de taza de arándanos

Instrucciones

1. Quítale las semillas al melón. Pélalo con un cuchillo y corta la fruta en trozos. Congélala al menos durante 4 horas.
2. Mezcla los trozos de melón, la miel y un cuarto de taza de leche de coco en un robot de cocina. Mézclalos y añade más leche de coco si es necesario.
3. Viértelo en un bol o en una de las mitades del melón una vez vaciado y aderézalo con arándanos.

Una idea divertida para servir este batido es guardar la otra mitad del melón y quitarle la semillas para usarla de bol.

Delihelado sirena mágica

Ya he dicho que soy una gran fan del color en la comida. El primer *delihelado* que hice eran simples plátanos congelados y leche de coco (lo que significa que era aburrido, de color blanco). Este *delihelado* se basa en la receta original, pero le añado un poco de kiwi y espirulina para darle un toque de color y de sabor.

Ingredientes

Batido

1½ kiwi
3 plátanos helados
2 cucharadas soperas de leche de coco entera
1 cucharada sopera de miel
½ cucharada sopera de espirulina en polvo

Aderezo

¼ de taza de moras

Instrucciones

1. Mezcla los ingredientes del batido en el robot de cocina y bátelos hasta conseguir una textura suave, ve rebañando los lados.
2. Coloca el helado en un bol y añade las moras.

El polvo de espirulina lo encontrarás en las tiendas de productos dietéticos y también en tiendas *online*.

Pura delicia

Melissa Potvin, de *How to… This and That* (howtothisandthat.com)

En esta receta, el aguacate Hass es la estrella. Añade unos pocos ingredientes más y tienes una delicia saciante, rica en proteínas y *superantioxidantes* que te mantendrá en marcha todo el día.

Ingredientes

Batido

- ½ aguacate Hass deshuesado
- ½ taza de kale troceado
- ½ taza de leche de almendras
- ⅔ de taza de yogur griego natural
- 1 cucharada sopera de miel cruda

Aderezo

- ¼ de taza de arándanos
- ½ kiwi en rodajas
- 2 cucharadas soperas de semillas de girasol sin cáscara
- 2 cucharadas soperas de coco rallado

Instrucciones

1. Mezcla los ingredientes del batido en la batidora hasta conseguir una textura suave y sin grumos.
2. Vierte el batido en un bol y añade el aderezo.

Las espinacas *baby* son un gran ingrediente para los batidos por su color intenso. Además el sabor de las espinacas es suave y se disfraza fácilmente con sabores más fuertes como la piña y el jengibre.

Ingredientes

Batido

1 puñado grande espinacas *baby*
1 plátano grande (reservar 1 rodaja para el aderezo)
⅔ de taza de kombucha con sabor a jengibre y limón
1 taza de piña congelada
1 taza de melocotones congelados

Aderezo

1 rodaja de plátano
1 ½ cucharada sopera de semillas de chía
¼ de taza de arándanos

Instrucciones

1. Mezcla los ingredientes del batido en la batidora hasta conseguir una textura suave y sin grumos.
2. Vierte el batido en un bol y añade el aderezo.

Para dar forma a tus aderezos, coloca con cuidado un molde de galletas sobre tu batido y espolvorea el aderezo en en el interior del molde. Con cuidado, levanta el molde cuando hayas terminado.

Verdiña colada

Los ingredientes de la piña colada forman mi combinación preferida. Decidí colorear de verde mi delicia tropical favorita, añadiéndole, además de color, propiedades nutritivas extra. El sabor de las espinacas *baby* es muy suave y a la vez que disfrutas de todos sus beneficios nutricionales, te ahorras el sabor a hierba de otros ingredientes verdes.

Ingredientes

Batido

- 1 puñado grande de espinacas *baby*
- ½ taza de leche de coco entera
- 1 cucharada sopera de sirope de agave
- 1½ taza de piña congelada en trozos

Aderezo

- 1 fresa y un trozo de piña insertados en palo de brocheta
- 2 cucharadas soperas de coco rallado

Instrucciones

1. Mezcla todos los ingredientes del batido en la batidora, menos la piña, y bátelos hasta conseguir una textura suave y sin grumos.
2. Agrega piña congelada y sigue batiendo, buscando la textura suave.
3. Vierte la mezcla en un bol y añade el aderezo.

Una opción divertida para servir el batido es partir una piña fresca y vaciar una de las mitades para usarla como bol.

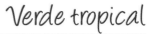

Verde tropical

Sam Ellis, de *The Culinary Compass* (theculinarycompass.com)

Este batido en bol rebosa sabores tropicales que te refrescarán incluso en los días más calurosos del verano. Además te aportará un montón de energía y antioxidantes, con todos los beneficios del té matcha.

Ingredientes

Batido
- ¾ de taza de mango congelado
- ¼ de plátano
- ½ taza de piña congelada
- ½ taza de leche de almendras
- ½ taza de espinacas
- ½ cucharada sopera de té matcha
- Hielo (según veas que hace falta)

Aderezo
- 2 cucharadas soperas de copos de coco
- ⅓ de taza de mango en dados
- ¼ de taza de piña en dados
- 1 kiwi en dados

Instrucciones

1. Mezcla los ingredientes del batido en la batidora hasta conseguir una textura suave y sin grumos.
2. Vierte el batido en un bol y añade el aderezo.

Asegúrate de añadir el té matcha a la batidora después de la leche de almendras para evitar que se formen grumos.

Kale pentatónico

Esta receta incluye espinacas y kale *baby*. Si no has llegado a acostumbrarte al sabor «vegetal» de los batidos verdes, utiliza kale en lugar de espinacas, solo notarás el sabor de la fruta.

Ingredientes

Batido

- ½ taza de kale *baby* envasado
- ½ taza de espinacas *baby* envasadas
- ½ cucharada sopera de semillas de chía
- 1 cucharada sopera de semillas de lino
- ½ taza de agua de coco
- 1 kiwi
- ⅔ de taza de piña congelada en trozos
- ⅔ de taza de melocotón congelado en trozos

Aderezo

- 1 kiwi en rodajas
- 1 cucharada sopera de semillas de chía
- 5 frambuesas
- 5 moras
- ¼ de taza de trozos de coco secos
- 1 cucharada sopera de almendras en láminas

Instrucciones

1. Mezcla el kale, las espinacas, la chía, las semillas de lino, el agua de coco y el kiwi y bátelos hasta conseguir una textura suave y sin grumos.
2. Añade la fruta helada y sigue mezclándolo buscando una textura suave.
3. Viértelo en un bol y añade los aderezos.

Paraíso de verano

Al contrario de lo que puede sugerir su color verde vivo, este batido tiene un sabor suave. Las espinacas *baby* son geniales para eso, tienen un color precioso, un montón de fibra y alto contenido en nutrientes, pero ningún sabor a tierra o hierbas. El batido lleva como aderezo algunas de mis frutas de temporada favoritas, pero si lo que te apetece es disfrutar el sabor del verano en mitad del invierno, la fruta congelada también servirá muy bien como aderezo.

Ingredientes

Batido
- 1 puñado grande de espinacas *baby* frescas
- ¾ de un plátano grande
- ½ taza de zumo de naranja natural
- 2 tazas de melocotón congelado en trozos

Aderezo
- 2 fresas frescas cortadas por la mitad
- 2 cucharadas soperas de arándanos
- 1 cucharada sopera de copos de coco
- ¼ de melocotón fresco en rodajas
- 1 cucharada sopera de bayas de Goji secas

Instrucciones

1. Mezcla las espinacas, el plátano y el zumo de naranja en la jarra de la batidora y bátelos hasta que quede una textura suave y sin grumos.
2. Añade los melocotones congelados y sigue batiéndolo.
3. Sírvelo en un bol y añade el aderezo.

Los copos de coco se venden en diferentes tamaños, texturas y grados de dulzor. Ve probándolos hasta que encuentres tus favoritos.

Mi gran amigo verde

Cuando estudiaba cerca de Boston, mi futuro jefe me dijo que tenía que ser fan de los Red Sox si quería trabajar con él. Aunque me encantaban los Seattle Mariners, acabé adoptando a los Red Sox. Uno de mis descubrimientos durante los incontables partidos que vi con mis compañeros de trabajo fue El Monstruo Verde, la emblemática pared de Fenway Park, el campo de béisbol de los Red Sox, y también el nombre de su mascota Wally. Me gusta pensar que después de un largo día sin parar de bailar en los partidos, Wally vuelve a casa y se toma este batido, un gigante rico en propiedades nutritivas, para recuperar su energía y mantener sus colores bien vivos.

Ingredientes

Batido
- 3 hojas grandes de kale, sin tronchos
- 1 plátano
- 1 manzana pequeña sin piel ni corazón
- ¾ de taza de leche de coco o de otra leche vegetal
- ¼ de taza de semillas de calabaza crudas
- 1 cucharada sopera de semillas de lino
- 1 trozo de jengibre fresco sin piel, de unos 2,5 cm
- 2 cucharadas soperas de alguna variedad local de miel
- 1¼ taza de piña congelada

Aderezo
- 1 plátano pequeño en rodajas
- 2 higos cortados en gajos
- 2 cucharadas soperas de granola
- 1 chorro de miel

Instrucciones

1. Mezcla todos los ingredientes del batido, menos la piña, en la batidora y bátelos hasta conseguir una textura suave y sin grumos.
2. Añade los trozos de piña congelada y sigue batiendo.
3. Viértelo en un bol y añade el aderezo.

Armonía verde

Como muy bien habrás supuesto, los batidos (en bol y en vaso) son básicos en nuestra casa. Como expertos en batidos, mis chicos a menudo me inspiran los que haré en el día. Este es uno de los que hice a petición de mi hijo de seis años, que me ayudó a decorarlo con sus bayas favoritas.

Ingredientes

Batido

- 1 taza de leche de coco o de otra leche vegetal
- 2 puñados de espinacas *baby* frescas
- 1 plátano
- ½ taza de piña congelada
- ½ taza de melocotón congelado

Aderezo

- ¼ de taza de frambuesas frescas
- ½ taza de moras frescas
- 1 cucharada sopera de semillas de chía

Instrucciones

1. Mezcla la leche de coco, las espinacas y el plátano en la jarra de la batidora y bátelos hasta conseguir una textura suave y sin grumos.
2. Añade la fruta congelada y sigue batiéndolo.
3. Viértelo en un bol y añade el aderezo.

Menta poderosa

Natasha Bull, de *Salt & Lavender* (saltandlavender.com)

Este batido verde viene cargado de ingredientes supersanos, entre ellos, espinacas, aguacate y menta. El aderezo le aporta la sensación crujiente, la textura y un ligero sabor dulce. El cacao en grano con menta es una forma sana de tomar chocolate.

Ingredientes

Batido

- ½ aguacate
- 1 plátano congelado
- 1 taza de espinacas
- 1 cucharada sopera de miel
- 1 cucharada sopera de semillas de lino
- ¼ de taza de menta
- ¼ de taza de leche de almendras sin azúcar
- 4 cubitos de hielo

Aderezo

- 1 cucharada sopera de bayas de Goji
- 1 cucharada sopera de coco rallado
- 2 cucharadas soperas de cacao en grano
- ¼ de taza de granola
- 1 plátano pequeño en rodajas

Instrucciones

1. Mezcla los ingredientes del batido en la batidora hasta conseguir una textura suave y sin grumos.
2. Viértelo en un bol y añade el aderezo.

En lugar de cacao en grano también puedes usar pepitas de chocolate negro.

Este batido tiene un aspecto impresionante, la elección definitiva para cuando tengas invitados o de verdad quieras sorprender a tus seguidores en Instagram. Empiezas con una base de batido verde y por arte de magia lo conviertes en púrpura añadiéndole arándanos al final.

Ingredientes

Batido

- 1 puñado grande de espinacas *baby*
- 1 cucharada sopera de semillas de lino
- 1 taza de agua de coco
- 1 plátano
- ⅔ de taza de piña congelada
- ⅔ de taza de mango
- ⅔ de taza de arándanos congelados

Aderezo

- 1 cucharada sopera de semillas de chía
- 1 kiwi en rodajas
- 1 cucharada sopera de almendras laminadas
- ¼ de taza de arándanos

Instrucciones

1. Añade las espinacas, las semillas de lino, media taza de agua de coco y el plátano a la batidora y mezcla hasta conseguir una textura suave y sin grumos
2. Añade la piña y el mango, y sigue mezclando.
3. Vierte la mitad del batido en un bol. Cambia la jarra de la batidora y añade arándanos y un cuarto de taza de agua de coco. Bate a velocidad rápida, añadiendo agua de coco a demanda para facilitar el proceso de batido.
4. Vierte el batido color púrpura sobre el bol medio lleno y añade los aderezos.

Océano azul

Valerie Fidan, en Instagram como @ValerieFidan

Dale un empujón a tu día con una mezcla de superalimentos para chuparse los dedos. Este batido de color azul verdoso viene cargadito de vitaminas, antioxidantes superpoderosos de algas verdeazules, proteínas vegetales y fibra, además de un toque sabroso.

Ingredientes

Batido
- 2 tazas de mezcla de superalimentos verdes (espinaca *baby*, kale *baby*, acelga *baby*)
- 1¼ taza de leche de coco entera
- ½ aguacate pequeño congelado y cortado en dados
- ½ taza de arándanos congelados
- 1 cucharada sopera de algas verdeazules / espirulina
- ¼ de taza de semillas de sésamo negro
- 2 dátiles deshuesados
- 1 cucharada sopera de canela

Aderezo
- 1 cucharada sopera de semillas de cáñamo
- 1 cucharada sopera de coco rallado
- 6 anacardos tostados
- 1 cucharada sopera de semillas de sésamo negro
- Hojas de menta al gusto
- ¼ de taza de mezcla de arándanos y moras

Instrucciones

1. Mezcla los ingredientes del batido en la batidora hasta conseguir una textura suave y sin grumos.
2. Vierte el batido en un bol y añade el aderezo.

Para hacer más fácil preparar los batidos el mismo día, corta el aguacate en dados y congélalos en bolsas con autocierre, así tendrás porciones de superalimento verde listas para usar cuando llegue la hora de preparar el batido.

Muffin de arándanos

Cuando decidí dejar de comer gluten por un problema de salud, el alimento con gluten que más eché de menos fueron los muffins de arándanos. Soy de esas personas que nunca —pero nunca— se rinden, así que, aunque no podía comer trigo, estaba decidida a descubrir alguna otra forma de hacerlos. En esta receta, la avena y la linaza dan un gusto parecido al trigo a la vez que le dan al batido una textura maravillosa.

Ingredientes

Batido

- ½ taza de copos de avena
- ¾ de taza de yogur natural de leche entera
- 1 chorro de extracto de vainilla
- 1 cucharada sopera de semillas de lino
- ¼ de taza de coco o de otra leche vegetal
- 1 cucharada sopera de sirope de agave
- 1 taza de arándanos congelados
- ½ plátano

Aderezo

- 2 cucharadas soperas de granola
- ½ taza de arándanos

Instrucciones

1. Mezcla todos los ingredientes del batido menos los arándanos y el plátano en la batidora y bate hasta conseguir una textura suave y sin grumos.
2. Añade los arándanos y el plátano y sigue batiendo.
3. Vierte el batido en un bol y añade el aderezo.

Los copos de avena y la granola son ingredientes que pueden estar contaminados con gluten o trigo en polvo. Las personas con algún tipo de sensibilidad al gluten deben buscar las versiones libres de esta sustancia.

Probiótico exótico

Jyothi Rajesh, de *Curry Trail* (currytrail.in)

Lo más rico que puedes tomar, después de un helado es, sin duda, un batido en bol. En este batido cremoso he combinado los arándanos y el yogur para preparar un bol rico en calcio y fibra. Es la manera perfecta de arrancar por la mañana o de disfrutar un tentempié saludable después de hacer ejercicio.

Ingredientes

Batido

- 1 taza de arándanos congelados
- ¾ de taza de yogur griego natural
- 1 plátano congelado
- 2 cucharadas soperas de jarabe de arce
- 1 cucharada sopera de extracto de vainilla

Aderezo

- ¼ de taza de arándanos
- 1 plátano cortado en rodajas
- 4 fresas en rodajas
- 1 kiwi en rodajas
- 1 cucharada sopera de semillas de chía

Instrucciones

1. Mezcla los ingredientes del batido en la batidora hasta conseguir una textura suave y sin grumos.
2. Viértelo en un bol y añade el aderezo.

Matchbayas

A algunas personas les resulta difícil tolerar el sabor del té matcha. La solución perfecta para esto es disfrazarlo con el de las bayas. Esto te da además un extra de antioxidantes, que se suma a la energía del té matcha sin tener que degustar su sabor.

Ingredientes

Batido
- ½ taza de arándanos congelados
- 1 taza de fresas congeladas
- ½ cucharada sopera de té matcha (en polvo)
- ¾ de plátano grande
- 1 taza de leche de coco o de otra leche vegetal

Aderezo
- 1 cucharada sopera de semillas de chía
- ¼ de plátano grande en rodajas
- ½ taza de moras frescas

Instrucciones

1. Mezcla los ingredientes del batido en la batidora hasta conseguir una textura suave y sin grumos.
2. Viértelo en un bol y añade el aderezo.

Mañanas de matcha

Si lo que buscas es un energizante matinal, prescinde del café y sustitúyelo por este riquísimo bol. El té matcha proporciona un extra de antioxidantes, y muchos dicen que mejora su memoria y dispara su energía, al tiempo que les invade una agradable sensación de calma. ¡Te reto a conseguir los mismos efectos tomando una taza de café!

Ingredientes

Batido

- 1 puñado grande de hojas de espinacas *baby*
- ¾ de plátano grande
- ½ taza de leche de coco o de otra leche vegetal
- 1 cucharada sopera de té matcha verde en polvo
- 1 kiwi
- 1 taza de melocotón congelado en trozos
- 1 taza de arándanos congelados

Aderezo

- ½ melocotón fresco en rodajas
- 3 fresas frescas cortadas por la mitad
- 6 moras frescas
- ¼ de plátano fresco en rodajas
- ¼ de taza de granola
- 1 cucharada sopera de semillas de chía

Instrucciones

1. Mezcla los ingredientes del batido en la batidora hasta conseguir una textura suave y sin grumos.
2. Viértelo en un bol y añade el aderezo.

> Si te cuesta encontrar té matcha en polvo en tus tiendas habituales, puedes encontrar distintas tiendas *online* que venden té matcha orgánico de buena calidad.

Brisa de bayas tropicales

Este batido está hecho con ingredientes básicos que puedes encontrar en la tienda de comestibles durante todo el año (lo que lo hace ideal para preparar una delicia tropical cuando la melancolía invernal ataca). Prepara este bol cada vez que quieras disfrutar unas vacaciones culinarias.

Ingredientes

Batido
- 1 taza de arándanos congelados
- 1 taza de cerezas congeladas
- 1 cucharada sopera de semillas de lino
- 1 taza de zumo de acai
- 1 cucharada sopera de alguna variedad de miel local

Aderezo
- 1 kiwi en rodajas
- 2 cucharadas soperas de coco seco

Instrucciones

1. Mezcla todos los ingredientes del batido en la jarra de la batidora y bátelos hasta conseguir una textura suave y sin grumos.
2. Llena un tercio de un bol transparente con el batido que has preparado. Coloca una hilera de rodajas de kiwi pegadas a las paredes del bol, y luego llénalo con el resto del batido. Cúbrelo con coco.

Azul misterioso

La deliciosa combinación de acai, naranja y arándanos en este bol antioxidante hará que declares a voz en grito tu amor por todas las cosas azules. Aunque para los más tímidos, ¡bastará con decir que está superrico!

Ingredientes

Batido

2 paquetes de acai congelado (unos 100 g)
1 taza de zumo de naranja
1 plátano pequeño
1 taza de arándanos azules

Aderezo

2 fresas frescas cortadas por la mitad
1 cucharada sopera de semillas de chía
1 cucharada sopera de arroz inflado o de quinoa
2 cucharadas soperas de coco seco en trozos

Instrucciones

1. Mezcla en la batidora todos los ingredientes del batido hasta conseguir una textura suave y sin grumos.
2. Viértelo en un bol y añade los aderezos.
3. Sírvelo con fruta fresca adicional como guarnición (opcional).

El arroz inflado y la quinoa son una forma divertida de añadir textura y un toque crujiente a tu batido en bol.

Vigor de acai

Con un alto contenido en nutrientes, sobre todo en antioxidantes, las bayas de acai son una manera maravillosa de aportar combustible a tus células para aguantar en marcha todo el día. Algunos encuentran que el sabor es algo peculiar, pero combinándolo con el sabor dulce del plátano y un poco de miel, conseguirás un batido sabroso y perfectamente equilibrado.

Ingredientes

Batido
- 2 paquetes de acai congelado (unos 100 g)
- 1 plátano
- 1 kiwi
- 1 cucharada sopera de alguna variedad de miel local
- 1 taza de arándanos congelados
- ½ taza de leche de coco o de otra leche vegetal

Aderezo
- 2 cucharadas soperas de coco rallado
- ½ kiwi en rodajas
- Flores comestibles

Instrucciones

1. Mezcla los ingredientes del batido en la batidora hasta conseguir una textura suave y sin grumos.
2. Viértelo en un bol y añade el aderezo.

Las flores son una forma original de aderezar los batidos en bol, aunque no todas ellas son comestibles. Una buena premisa: «si no tienes la certeza de que es comestible, no te la comas».

Suprema de higos

Los higos aún se consideran una rareza en algunos sitios. Hace poco, en una reunión de amigas, solo un diez por ciento de ellas había probado alguna vez un higo fresco. Su suave pulpa es muy fácil de batir, y el higo cortado en gajos es una hermosa guarnición para los batidos en bol. Si no es temporada, puedes intentar buscarlos en la sección de congelados de tus tiendas habituales o en alguna tienda especializada.

Ingredientes

Batido
- 1 plátano
- 3 higos frescos sin tallos
- ¾ de taza de agua de coco
- 1 cucharada sopera de alguna variedad de miel local
- ½ taza de yogur natural griego
- 1 cucharada sopera de semillas de chía
- 1 taza de arándanos congelados
- 1 taza de frambuesas negras congeladas

Aderezo
- 1 plátano pequeño en rodajas
- 1 higo sin tallo y cortado en gajos
- 1 cucharada sopera de granola

Instrucciones

1. Mezcla los ingredientes del batido en la batidora hasta conseguir una textura suave y sin grumos.
2. Viértelo en un bol y añade el aderezo.

Si en tu zona no encuentras las frambuesas negras, usa moras o frambuesas rojas en su lugar.

Sombras del bosque

Cuando es temporada de cerezas, me encanta aprovechar para usarlas como ingredientes de los batidos en bol. Para esta receta he usado cerezas congeladas para darle cuerpo al batido y cerezas frescas como cobertura. Una kombucha con sabor a lavanda no solo tiene efectos probióticos beneficiosos, sino que le da a la receta un sutil sabor floral que combina bien con las cerezas.

Ingredientes

Batido
- ½ taza de cerezas dulces congeladas
- 1 taza de arándanos congelados
- ½ taza de kombucha con sabor a lavanda
- ½ taza de agua
- 1 cucharada sopera de semillas de chía

Aderezo
- ⅓ de taza de manzana picada
- ⅓ de taza de cerezas frescas cortadas por la mitad y sin tallos
- 1 ramito de menta
- 2-4 flores comestibles

Instrucciones

1. Mezcla los ingredientes del batido en la batidora hasta conseguir una textura suave y sin grumos.
2. Viértelo en un bol y añade el aderezo.

Las flores comestibles que funcionan bien como adorno de los batidos en bol son la violetas, los pensamientos, la flor de la borraja, las rosas y las caléndulas.
Para un sabor floral más potente, usa una taza de kombucha con sabor a lavanda en lugar de una mezcla de kombucha y agua.

Delicia de arándanos

Cada verano, las familias en Washington y Oregón esperan que los arbustos de arándanos silvestres se carguen de bayas, sin duda los arándanos silvestres saben mucho mejor que los que puedas comprar en una tienda. El verano que estuve escribiendo las recetas para este libro, mi hijo mayor se enamoró de los arándanos. Me pidió que inventara alguna receta con melocotón, arándanos y piña. Cuando me pidió bautizar a la receta con este nombre, no me pude negar.

Ingredientes

Batido
- 1 taza de melocotón congelado en trozos
- 1 taza de moras congeladas
- 1 cucharada sopera de semillas de chía
- 1 ½ taza de leche de coco o de otra leche vegetal

Aderezo
- Piña fresca cortada en trozos
- 1 cucharada sopera de granola
- ½ plátano en rodajas

Instrucciones

1. Mezcla los ingredientes del batido en la batidora hasta conseguir una textura suave y sin grumos.
2. Viértelo en un bol y añade el aderezo.

> Si no tomas gluten, asegúrate de que el envase de granola que compres indique que es libre de gluten, ya que algunas marcas pueden contener trazas de trigo.

Delihelado azul y negro

Algunas veces, las recetas más simples son las mejores. Este *delihelado* tiene solo tres ingredientes, pero sabe tan delicioso como tu helado favorito.

Ingredientes

Batido
- 1 taza de moras congeladas
- 1 taza de arándanos congelados
- 1 plátano mediano

Aderezo
- ¼ de taza de arándanos

Instrucciones

1. Mezcla los ingredientes del batido en la batidora hasta conseguir una textura suave y sin grumos.
2. Viértelo en un bol y añade el aderezo.

Batido del surfista

El kiwi y las bayas son una combinación que nunca pasa de moda. El sabor ácido del kiwi queda equilibrado por las bayas dulces, suficiente para que se te haga la boca agua. Añadiendo anacardos crudos a este combo clásico le damos a este bol el grado crujiente justo.

Ingredientes

Batido
- 2 kiwis
- 1¾ taza de arándanos congelados
- ¾ de taza de infusión de té verde fría

Aderezos
- 1 kiwi en rodajas
- 1 taza de arándanos
- 2 cucharadas soperas de anacardos crudos

Instrucciones

1. Mezcla los ingredientes del batido en la batidora hasta conseguir una textura suave y sin grumos.
2. Viértelo en un bol y añade el aderezo.

Delihelado vaca púrpura

En la escuela de posgrado donde estudié en Massachusetts tuve ocasión de probar un sabor de helado que se convertiría en mi favorito: vaca púrpura. Este helado está hecho de frambuesas negras mezcladas con virutas de chocolate negro y blanco. Es delicioso. Esta receta es un homenaje a mi helado favorito de Nueva Inglaterra, con un toque saludable y solo un poco de dulce.

Ingredientes

Batido
- 1 plátano congelado
- 1½ taza de frambuesas negras congeladas
- ¼ de leche de coco entera
- ¼ de yogur natural sin desnatar
- 1 cucharada sopera de sirope de agave

Aderezo
- 1 cucharada sopera de trocitos de chocolate negro
- 1 cucharada sopera de trocitos de chocolate blanco

Instrucciones

1. Mezcla los ingredientes del batido en la batidora hasta conseguir una textura suave y sin grumos.
2. Viértelo en un bol y añade el aderezo.

Para un añadido extra de proteínas, sustituye el yogur natural por yogur griego.

Delicia de acai

Jasmin White, de *Healthy Twenties* (healthytwenties.co.uk)

En este potente bol, los superalimentos se combinan con las supersemillas. Cargado de vitaminas y antioxidantes, es el batido perfecto para el desayuno.

Ingredientes

Batido

- 2 plátanos congelados
- ½ taza de arándanos congelados
- ¼ de taza de zumo de naranja natural
- 2 cucharadas soperas de polvo de acai

Aderezo

- ½ plátano cortado en rodajas
- ¼ de taza de arándanos
- 2 cucharadas soperas de frambuesas
- 1 cucharada sopera de semillas variadas (he usado una mezcla de chía, cáñamo y linaza)

Instrucciones

1. Mezcla los ingredientes del batido en la batidora hasta conseguir una textura suave y sin grumos.
2. Vierte el batido en un bol y añade el aderezo.

¿No eres fan de las semillas? Sustitúyelas por granola en el aderezo.
Para crear divertidas formas de flores, usa minicortadores de galletas para dar forma de flor a las rodajas de plátano.

Kombu-bayas

Los veranos en el noroeste del Pacífico están llenos de bayas silvestres y té frío. Por supuesto, en Portland, no es raro que nuestro té frío se fermente para convertirlo en kombucha. Muchos encuentran que la kombucha es un sabor al que cuesta acostumbrarse, pero si no eres muy fan, usarla en un batido es una estupenda forma de disimular su sabor. Pruébala de distintos sabores hasta encontrar la combinación que te guste más.

Ingredientes

Batido
- 1 taza de fresas congeladas
- 1 taza de moras congeladas
- 1½ taza de kombucha

Aderezo
- ¼ de taza de cerezas frescas
- 2 cucharadas soperas de manzana picada
- 1 cucharada sopera de anacardos crudos
- ¼ de taza de arándanos

Instrucciones

1. Mezcla los ingredientes del batido en la batidora hasta conseguir una textura suave y sin grumos.
2. Vierte el batido en un bol y añade el aderezo.

Si no tienes kombucha, puedes usar una infusión de té negro o verde.

Delihelado dragón púrpura

Me encanta el color. No dejo pasar la oportunidad de preparar algo con un color bonito, satinado. Para esta receta he usado pitaya de pulpa rosa (a diferencia de la blanca) para conseguir este bello color púrpura cuando se combina con los arándanos y las frambuesas negras. ¡Disfrútalo!

Ingredientes

Batido
- 1½ taza de arándanos congelados
- 1 taza de frambuesas negras congeladas
- 1 taza de fruta del dragón congelada (pitaya) en trozos
- ⅓ de taza de kéfir
- 1 cucharada sopera de sirope de agave

Aderezo
- 1 kiwi en rodajas

Instrucciones

1. Mezcla todos los ingredientes del batido en un robot de cocina y bátelos hasta conseguir una textura suave, parando de vez en cuando para recuperar el batido de las paredes del vaso.
2. Vacíalo en un bol y adereza con rodajas de kiwi.

El kéfir es un producto lácteo fermentado parecido a un yogur líquido. Búscalo en la sección de lácteos de tu tienda habitual. ¿No lo encuentras? Búscalo en tiendas bio o sustitúyelo por yogur entero.

No importa lo bueno que sea el sabor de un batido, cuando se trata de comer, a muchas personas el color verde les resulta poco atractivo. Puede ser una mala experiencia con las coles de Bruselas en la infancia, o tal vez simplemente el verde no es tu color favorito. Sea como sea, ser un batido verde no es tarea fácil. Esta receta tiene todos los beneficios de los batidos verdes, pero ni rastro de su «temible» color.

Ingredientes

Batido

- 1 puñado pequeño de hojas de espinaca *baby*
- 1 puñado pequeño de hojas de kale *baby*
- 1 plátano pequeño
- 1 cucharada sopera de sirope de agave
- ¾ de taza de kombucha con sabor a limón
- 1 ¼ taza de arándanos congelados
- 1 ¼ taza de moras congeladas

Aderezo

- ⅓ de taza de arándanos congelados o frescos
- ¼ de taza de granola

Instrucciones

1. Mezcla todos los ingredientes del batido, menos las bayas congeladas, en la batidora hasta conseguir una textura suave y sin grumos.
2. Añade las bayas congeladas y sigue batiendo.
3. Ponlo en un bol y añade el aderezo.

Si no tomas gluten, asegúrate de comprar una marca de granola que especifique que no lo lleva.

Únete a mí en este viaje por los batidos en bol

Mi objetivo al escribir este libro ha sido inspirarte para ampliar tus horizontes e invitarte a experimentar. Si los batidos en bol y los superalimentos son nuevos para ti, espero haberte despertado las ganas de probar algo diferente. Si te sientes con ganas de experimentar, espero que te animes a probar cosas nuevas.

A medida que expandas horizontes y experimentes, compártelo con otros. Nunca sabes a quién podrás contagiar tus hábitos saludables. Me encantaría ver fotos de tus creaciones en Instagram (no olvides usar la etiqueta #BeautifulSmoothieBowls). También puedes publicar tu foto en Snapchat, Facebook, Twitter o compartir imágenes para ilustrar algún comentario sobre este libro en Amazon o en cualquier otra web. También te invito a seguirme *online*. Puedes encontrarme en Instagram como @CreativeGreenLiving. También tengo una cuenta solo para comida como @CreativeGreenKitchen, donde comparto las nuevas recetas de batidos en bol y otros platos saludables. Me encanta publicar bellas fotografías, así que por favor etiqueta tus preciosas imágenes de comida con #CreativeGreenKitchen, sean batidos en bol o de otro tipo. Para acabar, modero una increíble comunidad de apoyo en Facebook, *Creative Green Living Community Group*. Creative Green Living está vinculada a mi web www.CreativeGreenLiving.com, y el grupo está lleno de gente interesada en opciones saludables para sus vidas diarias, que sean a la vez atractivas y sabrosas, como estos batidos en bol. Creo que los humanos hemos sido creados para vivir en comunidad, así que únete a nosotros, por favor, y encontremos un lugar para conectar y aprender juntos.

Créditos de las colaboradoras de las recetas

Me siento muy agradecida a estas colaboradoras por ayudarme a hacerte llegar *Deliciosos Smoothie Bowls*. Cada una de las creadoras de estas recetas tiene una web o una cuenta en Instagram (¡o las dos cosas!) donde puedes conectar con ellas, seguir sus recetas y ver preciosas imágenes. A medida que las pruebes y encuentres tus favoritas, conecta con las autoras y síguelas en las redes sociales para continuar disfrutando.

Nota: Si la receta no indica ningún autor, la he creado yo misma, Carissa Bonham. Visítame *online* en www.CreativeGreenLiving.com o en Instagram como @CreativeGreenLiving y @CreativeGreenKitchen.

TRACY ARIZA

Tracy es una expatriada estadounidense que vive en España y bloguea en *Oh, the Things We'll Make!* (www.thethingswellmake.com) y en español en www.CosasCaseras.com. Le encanta descubrir cómo cocinar cualquier cosa, desde *papadums* (tortas indias), hasta sopas caseras, con ingredientes básicos, y te enseña lo fácil que puede ser preparar tus propios productos y recetas naturales. La comida sana nunca debería ser insulsa y aburrida, y en esa creencia, Tracy comparte recetas originales, sencillas y sin gluten que gustarán a toda la familia. Sigue sus aventuras en España en Instagram como @thethingswellmake.

NATASHA BULL

Natasha, fundadora de *Salt & Lavender* (www.saltandlavender.com), es una canadiense que publica un blog de cocina y a quien le encanta la barbacoa. Vive en Edmonton (Alberta), pero su corazón está en lugares más cálidos. Natasha prefiere que sus recetas sean sencillas de preparar para dedicar su tiempo a las cosas verdaderamente importantes de la vida, como beber prosecco, el rico vino italiano, con su marido mientras ven los programas de la National Association for Stock Car Auto Racing, los partidos de *hockey* y a los Denver Broncos.

LARISHA CAMPBELL

Larisha y su marido, Andrew, están al frente de *We're Parents,* un blog que habla de cómo educar a los niños de forma natural. En él reflejan su estilo de vida algo *hippy*, publican recetas de las que encantan a los niños, y muestran sus viajes familiares. Viven en Nueva Jersey con sus dos preciosas hijas. Puedes encontrarlos en www.wereparentsblog.com y como @wereparents en todas las redes sociales.

ANYA DZHANGETOV

Anya es la fundadora y la autora detrás de Prepare & Nourish (www.prepareandnourish. com), donde comparte su pasión por la comida tradicional, sana y rica. Disfruta reinterpretando sus recetas eslavas tradicionales con ingredientes nutritivos, mientras comparte buena comida con increíbles amigos alrededor de su mesa artesana en Northern California. Puedes encontrarla en Instagram como @prepareandnourish.

SAM ELLIS

Sam es la bloguera detrás de *The Culinary Compass,* donde disfruta probando nuevos platos e ingredientes de todo el mundo. Su objetivo es llevar experiencias de nuevas culturas a sus lectores sin que tengan que moverse de casa. Para probar algo nuevo, síguela en su blog en theculinarycompass.com o en Instagram como @TheCulinaryCompass.

VALERIE FIDAN

Valerie es una *foodie* autoproclamada, inspirada por el estilo de vida costero. Cuando no está creando nuevas recetas sanas para su blog, LetsRegale.com, cocinando (y batiendo), o publicando millones de fotos de comida en Instagram como @ValerieFidan, trabaja como experta en redes sociales en la industria de la cerveza artesanal en Portland (Oregón).

CAROLINE GINOLFI

Caroline es creadora de recetas basadas en vegetales y una *coach* certificada en salud y fitonutrición. Trabaja con personas que sufren afecciones crónicas y les enseña a manejar, revertir y prevenir la enfermedad mediante alimentos sanos y fitonutrición. Vive en las afueras de Filadelfia (Pensylvania), y es mamá de un cachorro adoptado. Encuéntrala en Instagram como @plantbasedblonde y visita su web en www.plantbasedblonde.com.

SARA JANSSON

Sara vive en el archipiélago de Estocolmo y trabaja a tiempo completo en algo que no tiene nada que ver con la alimentación. Es madre de dos adorables niños pequeños y pasa la mayor parte de su tiempo libre preparando y fotografiando caprichos y comidas saludables. Cuando no trabaja en la cocina, la encontrarás corriendo por el bosque, nadando en aguas abiertas o haciendo yoga en su embarcadero. Puedes ver su trabajo en Instagram como @swimyogarun.

ELIZABETH LINDERMANN

Elizabeth está detrás del blog de comida *Bowl of Delicious*. Sus recetas y sus entradas giran en torno a comida de verdad para gente ocupada (están hechas con ingredientes naturales aptos para guardar en la nevera, cocinar con antelación y con calma, o rápido y con facilidad). Síguela en www.bowlofdelicious.com y como @bowlofdelicious en Instagram, Twitter y Facebook.

MICHELLE MARINE

Michelle es la bloguera detrás de SimplifyLiveLove.com, es mamá (un poco *hippy*) de cuatro niños y viven en un terreno de cinco acres en Eastern Iowa. Le encanta la comida auténtica y disfruta preparando a su familia batidos que prepara con ingredientes que ella misma cultiva. Es una fanática declarada del pollo. Le encanta leer, viajar, cocinar y el *crossfit*. La encontrarás en Instagram como @SimplifyLiveLove.

KARISSA MARTINDALE

Karissa es una entusiasta de la fotografía y de la comida. Su blog es *Honeycomb Market* (honeycombmarket.com). Cuando no está batiendo algo delicioso, puedes encontrarla explorando mercados de antigüedades en busca de «piezas únicas». Puedes seguir sus aventuras fuera y dentro de la cocina en @honeycombmarket.

LANDEN MCBRIDE

Landen es una bloguera especializada en comida y en un estilo de vida minimalista. Hay pocos sitios donde la encontrarás, aparte de su cocina. Es natural de Austin (Texas) y se pasa el día horneando para su marido y su hijo pequeño. Puedes encontrar sus recetas en www.measureand-whisk.com y preciosas fotos de sus aventuras culinarias diarias en Instagram como @measureandwhisk.

ELIZABETH MENLOVE Y SARAH ROMERO

Elizabeth y su hija, Sarah Romero, son una pareja de madre-hija cocineras que disfrutan creando recetas sanas con ingredientes sanos y frescos. Su blog de comida, *Kiwi and Carrot* (www. kiwiandcarrot.com), tiene centenares de recetas simples y deliciosas, e incluyen menús completos para ayudarte a planificar tus comidas.

SUCHI MODI

Suchi es la bloguera *foodie* de *Elegant Meraki* (www.elegantmeraki.com), y panadera y fotógrafa autodidacta. Le encantan los dulces, y apuesta por los batidos y los zumos para mantenerse en forma. Visita su web para ver deliciosas recetas de pan con un toque especial.

MELISSA POTVIN

Melissa es una chef casera autodidacta que disfruta su pasión por la cocina escribiendo recetas originales y compartiéndolas con sus lectores en blogs como HowToThisAndThat.com y Clean-EatingRecipes.com. Cuando no está trabajando le encanta viajar con su familia y disfrutar de la naturaleza.

JYOTHI RAJESH

Jyothi publica recetas sencillas y creativas en su blog, *Curry Trail*. Su comida tiene influencias de sus raíces indias. Vive en Bangalore con su marido y sus dos preciosos hijos. Después de trabajar varios años como ingeniera de programación, dejó su empleo para iniciar su propia compañía, dedicada a enseñar robótica a los niños. La comida siempre ha sido su pasión así que acabó aventurándose a lanzar un blog de alimentación, estilismo y fotografía de alimentos. Visita su web en currytrail.com o encuéntrala en Instagram como @currytrail.

MAJA REDLIN

Maja es una bloguera alemana que adora inspirar a los demás con sus recetas veganas y vegetarianas con ingredientes asequibles. Le gustan las cosas sencillas, sanas y sabrosas. Puedes encontrar sus recetas en su blog www.majardin.com, en su cuenta de Instagram como @majardin y en YouTube como Maja Redlin.

SAMMI RICKE

Sammi, del blog Grounded & Surrounded, disfruta con las cosas sencillas, deliciosas y nutritivas. Le encanta el desafío de encontrar formas únicas de incorporar alimentos sanos en cada comida, a la vez que deja espacio para los placeres básicos de la vida: el chocolate y la manteca de cacahuete. Si estás buscando la versión saludable de las recetas favoritas de tu familia, visita el blog de Sammi en www.groundedandsurrounded.com.

ABBEY SHARP

Abbey es dietista mediática, portavoz nacional y presencia habitual en radio y televisión. Es *youtuber*, bloguera, creadora de recetas y escritora especializada en comida. Su blog es *Abbey's Kitchen* (www.abeyskitchen.com). Abbey es habitual en programas de televisión de alcance nacional como *The Marilyn Denis Show* (CTV) y el *Shopping Channel*, y colabora mensualmente en revistas como *Best Health* y *Fitness*. Ha trabajado como embajadora de marca y portavoz de numerosas marcas de alimentos y es creadora de un popular canal de YouTube (youtube.com/abbeysharpabbeyskitchen). Sigue sus consejos para una cocina más sana y sus textos que desmontan los mitos de la nutrición en las redes sociales como @AbbeysKitchen.

KATHERINE MAE STANLEY

Katherine bloguea en *Nourishing Simplicity* (nourishingsimplicity.org). Es dueña de una pequeña finca en Central Valley, en California. Para ella, los tarros con flores silvestres, una taza de té y el chocolate negro deberían ser parte obligada de la vida diaria.

EMILY SUNWELL-VIDAURRI

Emily, fundadora y autora de *Recipes to Nourish*, es amante de la kombucha y el chocolate. Es mamá, con mentalidad holística, de dos pequeños amores, y está casada con un guapo vaquero. Es una verdadera *foodie*, apasionada por la comida casera, defensora de los alimentos de temporada, y sueña con comprar una finca urbana. Emily bloguea en *Recipes to Nourish* (www.recipestonourish.com), un blog centrado en los alimentos libres de gluten, en la comida sana y en la salud holística. Conecta con ella en Instagram, donde la encontrarás como @recipestonourish.

FREDERIKKE WARENS

Frederikke es de Copenhague (Dinamarca). Dirige su propia compañía de redes sociales y fotografía y colabora con frecuencia con marcas, en proyectos relacionados con el diseño. Sus intereses incluyen la comida sabrosa, la arquitectura interior y exterior y la fotografía de alimentos. Puedes seguirla en Instagram como @frederikkewaerens, donde tiene más de 200.000 seguidores, y en su canal de YouTube: Frederikke Wœrens

JENNI WARD

Jenni es la bloguera de *The Gingered Whisk* (www.thegingeredwhisk.com) y cree que la comida debería ser fácil de preparar, deliciosa de comer y lo bastante nutritiva para disfrutarla a conciencia. Vive en Iowa y le encanta enseñar a sus hijos a explorar y apreciar el mundo de la comida.

SARA WELCH

Sara es fotógrafa de alimentos, creadora de recetas y escritora *foodie*. Es responsable del blog *Dinner at the Zoo* (dinneratthezoo.com), donde comparte comidas para cenas fáciles para las familias, además de recetas de caprichos dulces. Sus fotografías han ilustrado docenas de publicaciones *online*, desde Buzzfeed hasta *Redbook Magazine*. Cuando no está en la cocina, Sara se dedica a correr detrás de sus tres hijos.

JASMIN WHITE

Jasmin se ha aventurado recientemente en el mundo de los blogs después del éxito de su página en Instagram @healthytwenties. Explora sus deliciosas recetas con plantas y sus preciosas fotografías en www.healthytwenties.co.uk.

Recursos

Mi objetivo al escribir este libro ha sido que fuera accesible, por ello propongo instrumentos fáciles de usar e ingredientes fáciles de encontrar en los almacenes y tiendas habituales. Para ver una lista actualizada de los lugares para comprar mis aparatos de cocina preferidos, visita www.creativegreenliving.com/p/smoothiebowl-resources.html.

Para saber más

◆ Para descubrir cómo preparar tu propia kombucha en casa para añadirla a los batidos en bol o beberla sola, puedes consultar: *The Big Book of Kombucha* de Hannah Crum (2016, Storey).

◆ Para aprender a preparar tus propias bebidas fermentadas, incluidos la kombucha y el kéfir, puedes ver: *Delicious Probiotic Drinks* de Julia Mueller (2014, Skyhorse).

◆ Para descubrir más recetas de batidos en bol elaboradas con ingredientes sanos y superalimentos, consulta: *The Healthy Smoothie Bible* de Farnoosh Brock (2014, Skyhorse).

Agradecimientos

Quiero dar las gracias a mi marido, Joe, y a mis hijos, Kaypha y Asher, por haber probado tantos batidos durante el verano de 2016 mientras creaba las recetas para este libro. Muchas gracias también a mis amigos y familia por dejar que los alimentara a base de batidos en bol durante ese mismo verano, especialmente a mi padre, que no es para nada un amante de los mismos.

Tengo la suerte de estar rodeada de una increíble tribu de blogueras e *instagramers* que me han animado y apoyado durante esta aventura, desde mis blogueras, pasando por Liz Dean y el grupo de instagram, a mis «ecoguerreras», ecologistas y activistas, vosotras sabéis de quién hablo, y os doy las gracias por vuestro importante apoyo durante el proceso de hacer este libro realidad.

Uno de los miembros de este maravilloso equipo de apoyo de blogueras *foodies* es Karissa Martindale, de Honeycomb Market. Cuando estaba acabando este libro, tuve que volver a fotografiar una docena de recetas. Karissa se ofreció a ayudarme e hizo un trabajo fabuloso. Si no hubiera sido por su talento y su ayuda, este libro no se hubiera acabado a tiempo. Tengo la teoría de que todas las Carissas (escriban cómo escriban el nombre) son mujeres talentosas y creativas, y el trabajo de Karissa apoya sobradamente esta hipótesis. Sus fotos llevan su firma y *copyright*, espero que las disfrutes tanto como yo.

Para acabar, quiero dar las gracias a mi editora en Skyhorse Publishing. Nicole Frail, que hizo mis sueños realidad el día que me envió un email en el que me pedía que escribiera un libro. Estoy muy contenta de que me escogiera como autora novel con la única referencia de mis *ebooks* y los contenidos de mi web. Ha estado conmigo durante todo el proceso y seleccionó a un gran equipo para hacer realidad este libro, gracias también a vosotros, equipo.

Para los fieles lectores de *Creative Green Living*, en especial a los miembros de la comunidad «Creative Green Living Community Group» en Facebook, gracias por vuestras palabras de ánimo y vuestra insistencia en que publicara más libros de cocina después de mi primera obra, *Infused*. Espero haber estado a la altura de vuestras expectativas.

Índice temático

Z

CUADRO DE CONVERSIÓN

CONVERSIÓN ENTRE EL SISTEMA IMPERIAL Y EL MÉTRICO DECIMAL
(Las cifras están redondeadas para mayor comodidad)

Ingrediente	Tazas/cucharadas soperas/cuharaditas de café	Onzas	Gramos/mililitros
Fruta desecada	1 taza	4	120 g
Frutas o verduras cortadas	1 taza	5 a 7	145 a 200 g
Frutas o verduras trituradas	1 taza	8,5	245 g
Miel, jarabe de arce o jarabe de maíz	1 cucharada sopera	0,75	20 g
Líquidos: nata, leche, agua o zumo	1 taza	8	240 ml
Avena	1 taza	5,5	150 g
Especias: canela, clavo, jengibre o nuez moscada en polvo	1 cucharadita de café	0,2	5 ml
Extracto de vainilla	1 cucharadita de café	0,2	4 g

Índice